Y0-BGD-985

for Lang Z.

GÖTE-
BORG
400

·

GÖTE-BORG

400

STADENS HISTORIA I BILDER

KRISTIAN WEDEL

BOKFÖRLAGET MAX STRÖM

*Denna bok har möjliggjorts
med generöst stöd av*:
Sverker Albrektson, Miriam Bryant,
Tomas von Brömssen, Hans Börsvik, Hampus Ericsson,
Moa Gürbüzer, Håkan Hellström, Peter Hjörne, Hans Järvmarker,
Michael Knutsson, Johan Lindh, Rolf Lundström,
Ingvar Oldsberg, Lena Olving, Laleh Pourkarim, Mats Rydhede,
Jan G. Smith, Oscar von Sydow, Mikaela och
Sven-Bertil Taube, Olof Werner samt
Sten A Olssons Stiftelse för Forskning och Kultur.

Tidernas Göteborg:
Ett samarbetsprojekt mellan
Göteborgs stadsmuseum, Hasselbladstiftelsen,
Göteborgs universitet, Kamerareportage,
Riksarkivet Landsarkivet Göteborg, Göteborg & Co,
Göteborgs-Posten och Bokförlaget Max Ström.

TIDERNAS
GÖTEBORG

INNEHÅLL

FÖRORD

När föds en stad? Är det när husen i byn blivit många eller är det när en marknad uppstår på ett torg? Eller är det när ett visst invånarantal uppnås? I de flesta fall är det svårt att säga när en stad blir en stad. Men här i Göteborg vet vi exakt när staden fyller år.

Den yvige Gustav II Adolf är mest känd som krigarkungen och fältherren. Men innan han gav sig ut i trettioåriga kriget fick han enormt mycket annat ur händerna, ivrigt stödd av sin rikskansler Axel Oxenstierna. Och han bestämde sig för att anlägga inte mindre än femton helt nya städer.

Ingen av dessa städer låg väl honom mer varmt om hjärtat än Göteborg. Det var här Sverige skulle öppna sig mot världen och det var härifrån den internationella handeln skulle utgå. Kort sagt – Göteborg var porten mot framtiden.

Han var bara 26 år när han den 4 juni 1621 stadfäste privilegierna som officiellt gjorde den begynnande bebyggelsen i älvmynningen till en stad.

Anläggandet av Göteborg var en oerhörd händelse och därför dokumenterades staden på ett grannlaga sätt. Den tidens reportagebilder var teckningar och etsningar och den tidens propaganda var målningar. Och efter två och ett halvt sekel träffades fotografiet av ljuset i Göteborg.

Sammantaget gör detta att Göteborg är en av Sveriges mest väldokumenterade städer. I det projekt som ligger till grunden för denna bok har Stadsmuseet, Göteborgs-Posten, Landsarkivet och Bokförlaget Max Ström samarbetat med stöd av Hasselbladstiftelsen och andra kraftfulla Göteborgsambassadörer. Efter att ha gått igenom över en miljon bilder har vi tillsammans skapat en bok som saknar motstycke. Det är den största bildmässiga skildringen av Göteborgs historia och det är en medryckande berättelse om människor, händelser och platser.

Denna bok är ett kraftfullt meddelande från dåtiden till både samtiden och framtiden. Och indirekt blir boken en uppmaning till oss alla att fortsätta vårda och älska vår stad.

Carina Sjöholm
Museichef, Göteborgs stadsmuseum

Christofer Ahlqvist
Chefredaktör, Göteborgs-Posten

7

Nästa uppslag: Den 12 april 1960 står tre pojkar på Skansberget (Risås-berget) och verkar betrakta Göteborg som något de snart ska erövra. I ett historiskt perspektiv är det inte orimligt att från Skansberget betrakta omvärlden med en krigares blick. Här anlades Skansen Kronan i slutet av 1600-talet med ett formidabelt läge för att hålla eventuellt anfallande danskar under kontroll.

GÖTEBORG
OCH
BILDERNA

10   Kungsporten från utsidan cirka år 1700. Porten, som låg vid nuvarande Kungs-portsplatsen, fick detta utseende i slutet av 1600-talet. En vindbrygga höll passagen mot söder öppen. Kungsporten blev med tiden alltmer förfallen och oanvändbar och revs slutligen – efter en intensiv bevarandedebatt – på 1830-talet. Gravyr ur Erik Dahlberghs *Suecia antiqua et hodierna*, 1716.

Ibland tänker jag på Ebba Greta Hölander. Ett frimodigt brett ansikte, en mörkblond fläta, en klänning av vadmal och en röd näsduk arrangerad kokett i halsen. Det är en gissning. Hon dömdes till döden den 30 december år 1790. Det finns ingen bevarad bild av henne. Men det är så det är. Ibland måste man gissa.

De flesta bilderna av Göteborg finns inte.

Detta är naturligtvis en besvärande komplikation för ett bildprojekt som *Tidernas Göteborg* – ett samarbete mellan Göteborgs stadsmuseum, forskningsinstitutioner, *Göteborgs-Posten* och arkiv som har pågått i drygt fyra år och som i olika former kommer att fortsätta efter Göteborgs 400-årsjubileum. Understundom har målet att skriva Göteborgs historia i bilder förefallit så fåfängt och avlägset att det har varit nästan plågsamt. Ändå vill vi göra försöket.

Det finns en oändlig mängd göteborgska bilder, framför allt från och med den fotografiska epok som i Göteborg inleds i början av 1860-talet. Vissa har blivit funna inom ramen för projektet Tidernas Göteborg – andra är publicerade oräkneliga gånger. Men även ofta sedda bilder kan bidra till att teckna Göteborgs historia. Nya perspektiv kan avlocka gamla bilder nya berättelser. Eller som en professionell historiker med mer disciplinär stadga än jag skulle ha uttryckt det: genom att ställa nya frågor till materialet.

Samtidigt finns det alltså – framför allt när det gäller Göteborgs första 250 år – en betydande brist på bilder.

Detta är den balansakt som vi nu i drygt fyra år har vilat i – att se bilderna av

Portæ Gothoburgensis, quæ REGIS dicitur, Facies exterior.

J. v. d. Aveelen Sc. Holmiæ 1711.

Göteborg på ett nytt sätt och att ställa de bilder som finns mot resonemang om de bilder som *inte* finns.

Själva bristen på bilder på Ebba Greta Hölander säger oss någonting.

Det är delvis av praktiska skäl som övergången till den fotografiska epoken är den viktigaste kronologiska gränsen för bildmaterialet. Fotografiets intåg skapar en ymnighet av bilder som i grunden förändrar sättet att berätta om verkligheten. Men i Göteborgs historia sammanfaller detta skifte också med att Göteborg blir en modern stad. Mitten av 1800-talet – i Göteborgs fall cirka 1860 – är inte bara en övergång från teckningar och kopparstick till fotografier. Det är i staden Göteborgs historia också frågan om ett identitetsskifte.

Jag har skrivit om Göteborgs historia i bortåt trettio år, och mycket tidigt ertappade jag mig själv med att betrakta stadens första 250 år genom vad man skulle kunna betrakta som tre tolkningsraster: *fästningen* Göteborg, *staden* Göteborg och *göteborgarna*.

Indelningen flyter visserligen ihop emellanåt, men begripligheten har alltid förefallit mig övertrumfa olägenheten. Av dessa tre kategorier är den första delvis dokumenterad i bild, den andra ganska sällan dokumenterad och den tredje till stora delar osynlig.

ATT BYGGA EN DANSKSKRÄMMA

Göteborgs bildhistoria börjar med fästningskartor. Det första man bör ha i åtanke var att 1600-talets Göteborg i praktiken var tre fästningar. De byggdes i tur och ordning och var mycket olika varandra. De byggdes i det svampiga, sanka Götaälvdeltat, vid ängar, vassar och skog, i leran, med jordvallar, rustbäddar, stockar och risknippen. De byggdes i den fasta föresatsen att den hårt klämda utposten Göteborg aldrig någonsin mer skulle bli dansk.

Axel Oxenstierna – Gustav II Adolfs sidekick – sammanfattade detta i en replik som var typisk för honom i så måtto att den dels var kvick, dels snarare uttryckte en förhoppning än en sanning:

Göteborg stad är en nagel i ögat för juten ...

Den första fästningsritningen, från 1620-talet, var italienskt inspirerad och förutsättningarna var nästan hopplösa, med mjuk och lerhaltig mark. Soldater och drängar kastade upp jord- och lervallar, de fällde bommar över de nyss utstakade hamnkanalerna och förstärkte med sten och timmer mot älvsidan. Det var den första fästningen.

På 1640-talet steg ambitionsnivån. En del vallar höjdes till sju meter, och man började klä in portarna i tegel.

Inte heller denna andra version av fästningen Göteborg var väl – oavsett hur mycket svenska statsmän blåste upp sig – direkt skräckinjagande. Den toscanske

diplomaten Lorenzo Magalotti som gjorde en resa genom Sverige år 1674 (och ofta citeras för sina synpunkter på allt från svenskt knäckebröd till badstugor) skrev beskt:

... i Norge ligger Bohus, ett slott som icke är värdt någonting. Detsamma kan sägas om Göteborg i det gamla Sverige och Halmstad i Halland ...

Magalottis omdöme kan antas vara uppriktigt.

Jag gissar att det är ett av skälen till att nästan alla avbildningar av 1600-talets Göteborg är kartor. För propagandaändamål är kartan oslagbar: den uppfattas som magistral och svalt saklig.

Kopparsticket ur det tyska praktverket *Theatrum Europaeums* band från 1667 visar det »Gottenburg in Schweden« som den svenska statsmakten med entusiasm ville visa upp: fästningsstaden som en taggig igelkott. Göteborg påminner snarast om ett slags bältdjur, med svansen vid nuvarande Masthuggskajen och huvudet vid Drottningtorget. På Skansberget syns en groteskt överdriven *Jutte Schramm* – det vill säga en danskskrämma.

Men det Göteborg som har lämnat spår i nutidens göteborgares medvetande är den tredje versionen av 1600-talsfästningen Göteborg.

Det var naturligtvis Erik Dahlbergh. För den som intresserar sig för det svenska 1600-talet är det någonstans alltid Erik Dahlbergh – denne begåvade, skrytsamme

Den taggiga fästningen Göteborg. Tyskt kopparstick från 1667. En blandning av informativ karta och miljöskildring. Ett skepp ses närma sig det skyddade hamninloppet. Till höger skymtar gamla Älvsborgs fästning.

13

14

Panorama över fästningen Göteborg från öster cirka år
1700, enligt Erik Dahlbergh. I förgrunden ligger Skansen
Lejonet och innanför murarna syns de två spirorna på
domkyrkan och Tyska kyrkan. Som så ofta i *Suecian* är
de en smula överdrivet avbildade.

Templum CHRISTINÆ.

Leo Gothicus.

J. v. d. Aveelen fc. Holmiæ. 1709.

15

Rökplymer från skorstenar
eller kanoner på Skansen
Lejonet syns på denna
teckning av en då sexårig
kronprins Karl, sedermera
Karl XII.

larger-than-life-figur, den svenska stormaktstidens skickligaste propagandaex-
pert, den store marknadsföraren av Sverige i allmänhet och sig själv i synnerhet.

År 1683 gjorde Erik Dahlbergh – som bland mycket annat var chef för stormak-
tens fortifikationsarbeten – en total ombyggnadsplan för fästningen Göteborg.
Det var efter hans ritningar som de återstående göteborgska jordvallarna blev
inåtlutande stenmurar. Det krävde enorma pålningsarbeten. Det krävde stöttor,
tak och rustbäddar. Det krävde tusentals knektar och drängar med spadar.
Murarna skulle resa sig sju meter över normalvattenståndet i vallgravarna.

Erik Dahlbergh arbetade i halva sitt liv med ett praktverk som skulle visa stor-
makten Sverige i bild: *Suecia antiqua et hodierna* (Det forna och nuvarande
Sverige). Han fick aldrig se det klart. Till slut gavs det ut år 1716, tretton år efter
Dahlberghs död. Suecian blev ett slags postum samtidsbild av det sena svenska
1600-talet. Eller snarare: det sena svenska 1600-talet så som Dahlbergh tyckte att
det borde se ut (gärna efter hans ritningar). Till och med Falun och Trosa såg
pampiga ut. Man får ta honom med en nypa salt.

Det är 353 gravyrer i Dahlberghs *Suecia*. En av de bästa är en vy av fästningen
Göteborg från öster. Det är en magnifik avbildning – eller vision – av bastioner,
flanker, murar, kurtiner, kasematter, kontraminer och raveliner. Gravyren är
oerhört detaljerad: man ser vaktposterna vid Skansen Lejonet, och i norr anas
sjöfronten med sänkverket, ett system av timmerkistor som var fyllda av sten och
stod på botten. Och innanför sänkverket anas en sammanhängande rad med

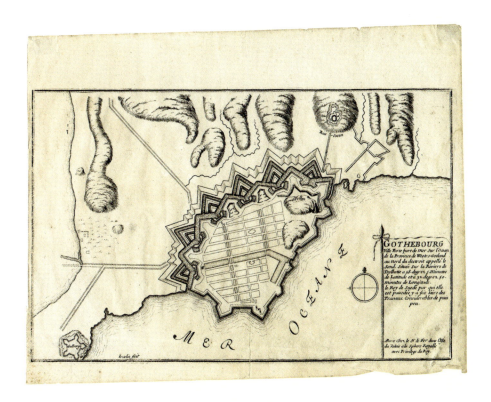

tätt nedslagna träpålar – pålspärren. Ett örlogsfartyg seglar ut i marginalen.

Den 13 februari 1689 gjorde förresten den sexårige kronprins Karl en raspig pennteckning. Motivet var Skansen Lejonet i Göteborg. Det är en expressiv teckning med tre pigga bolmande skorstenar – eller om det ska vara krutrök – och en antydan till förståelse för perspektiv. Det är inte obegåvat. Jag har svårt att frigöra mig från tanken på att han borde ha lagt mer av sin kraft på tecknandet. Då hade han kanske sluppit Poltava.

ETT GENOMBLÖTT GRÅSTENSARBETE
När man läser dokument från 1600- och 1700-talen får man en känsla av att fästningsbygget Göteborg bara rullade på, liksom ostoppbart. För göteborgarna måste det ha känts som om arbetet pågick i evigheter – med soldater och västgötabönder på eviga dagsverken i regnen och dimmorna. Räkenskaper finns kvar, prudentligt uppspaltade, och de ger ett allmänt hopplöst intryck i sin kamerala petighet: ritningar, brev, fyllerirapporter, klagoskrifter, budgetberäkningar.

Det var slabbigt, bökigt, kallt och dyrt att bygga fästningen Göteborg.

En budget, presenterad av generalkvartermästare Johan Wärnschöld den 3 september 1659, ger en antydan om de nästan ofattbara praktiska problemen. Wärnschöld – för nutidens göteborgare kanske mest känd för att ha påbörjat bygget av Nya Älvsborg – förberedde då arbetet på ett två kilometer långt avsnitt som sträckte sig mellan ungefär nuvarande Centralstationen och Rosenlundsbron.

Karta över Göteborg under andra halvan av 1600-talet. En fästning med murar mot både hav och land. Franskt kopparstick från 1673.

17

Bara till rustverk, klädmur, vall och bröstvärn behövdes, skrev Wärnschöld:

- 6 750 pålar (längd 8–9,5 meter),
- 1 620 kluvna pålar (längd: 3,5 meter),
- 1 584 svillar av 8–9 meters längd, till längd- och tvärbjälkar,
- 384 tolvter bräder till pålplankor och rustbäddsgolv.

År 1695 hade landshövding Johan Benedikt von Schönleben – en 82-årig kavalleriveteran från trettioåriga kriget – fått den kungliga befallningen att fylla på Göteborgs förråd av palissader. Vid det laget hade även de bohuslänska skogarna blivit svenska, men det hjälpte föga. Det fanns knappt några palissader på rot att hugga. Och frågan var då om man skulle köpa timmer eller hugga träd i Värmland och sedan frakta timret över Vänern ner genom den sanka, tröga Göta älv.

Och när von Schönleben hade löst palissadfrågan var det bara att ta itu med leveranserna av drömplar, slagbommar, vrakmaster, ribbor, klampar och – min favorit – »virke till nålar uti slagbommar och spanska ryttare«.

Byråkratin puttrade oförtrutet på med sina räkenskaper och meddelade år för år kostnaderna för att hålla denna fästning i gång. Enbart den del som bestod av Nya Älvsborg kostade 6 062 daler år 1750. År 1760 var det 4 729 daler.

Därtill kom lönekostnader för de soldater som bemannande Göteborg. På 1720-talet bestod överste Ribbings regemente vid fästningen av 748 man. Av dem var 650 stycken gemena soldater. Utöver lönen hade varje soldat tre tunnor spannmål per år – en kostnad på 7 980 daler.

Den motvillige landshövdingen som drev igenom vallraseringen: Johan Fredrik Carpelan.

När danskarna hotade Göteborg en sista gång gick kossor och betade på de göteborgska murarna. Fästningens tid var förbi. Det var på hösten 1788. Gustav III var här. Han hade hunnit bli ganska tjock då. Han höll ett teatraliskt tal. Det hjälpte inte. Göteborg blev hjälplöst indraget i storpolitiska förvecklingar, men en engelsk diplomat vid namn Hugh Elliot (sedermera guvernör i Madras) lyckades få stopp på dansk-norska trupper vid Kungälv. Det var inte glamoröst, men det blev fred.

Och sedan tog det närmare 60 år att riva fästningen. Arbetet påbörjades 1807. Det moderna Göteborg växte fram i skuggan av detta enorma raseringsprojekt. Vallraseringskontraktet undertecknades av landshövdingen Carpelan – en vemodig renlevnadsman som var alltför duglig för sitt eget bästa. Han satt hela tiden och längtade efter forsarna och byarna och kärren i Uleåborg. I stället fick han administrera inledningen av detta bistra gråstensarbete.

I rivningskontraktet stipulerades att pilträd inte får planteras på de frilagda ytorna. Ibland går jag i Kungsparken och undrar om parkförvaltningen på 2000-talet minns detta.

DEN NÄSTINTILL OSYNLIGA STADEN

Om det är ont om bilder från *fästningen* Göteborgs första 100 år är läget än värre när det gäller *staden* Göteborg. Det saknas nästan helt bilder. Men det

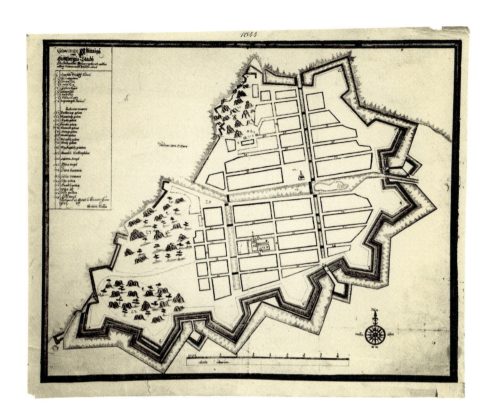

går att gissa ganska väl. Vi får retirera till fantasin, som trots allt kan vara nog så sanningsenlig. Under 1620- och 30-talen var den lilla staden Göteborg en byggarbetsplats, inledningsvis med starkt holländsk prägel. Gustav II Adolf lät holländska konsulter planera kanalerna, och holländska köpmän hade kungens öra. En och annan holländskt friserad barockgavel syntes vid kanalerna. Annars var det envåningshus av trä med torvtak. Grisar och höns och små kålgårdar. Bryggor. Avloppsstank. Kanalkanterna, klädda med furupålar, rasade emellanåt. (De klumpiga rundgattade handelsskeppen fick därför lägga sig på älven, och godset fick hämtas med hemförarbåtar: Göteborgs hamn har alltid varit för liten.) Den nya staden Göteborg byggdes i ett älvdelta som bestod av ömsom tjockt uppslammad lera, ömsom överraskande och ovälkomna bergklackar. Det var kärr och vattensjuka ängar. Det var inte riktigt torrt någonstans.

När jag sneddar över Gustaf Adolfs Torg brukar jag emellanåt betrakta en stiliserad variant av lantmätaren Kettil Classon Felterus Göteborgskarta från 1644, förevigad i stenläggningen. Det är lätt att orientera sig tack vare den typiska göteborgska krökta hamnkanalen.

En digital version av Classons karta är tillgänglig i Göteborgs stadsmuseums databas. Den är enastående detaljerad. Det går att följa 1600-talsgöteborg gata för gata. Nuvarande Vallgatan kallas Drottninggatan på Classons karta, Drottninggatan kallas Jakobsgatan och Lilla Torget är Fisktorget. Runt Domkyrkoplatsen syns en mur. Det är också värt att notera att det 1644 fortfarande

Det går fortfarande att orientera sig efter lantmätaren Kettil Classon Felterus Göteborgskarta från år 1644. Vallgatan kallades Drottninggatan, Drottninggatan kallades Jakobsgatan och Lilla Torget hette Fisktorget.

19

Göteborg cirka 1650 – med
kvarnar och dominerande
kyrkobyggnader – sedd
från älven med stadens
skyddande vallar i förgrun-
den. Samtida teckning.

bara fanns två broar över Stora Hamnkanalen: Kämpebron och Lejonbron.
Tyska kyrkan var under uppbyggnad. Nuvarande Brunnsparken var en oregel-
bunden holme.

Ja, Classons karta visar med all tydlighet att 1600-talsstaden Göteborg var
prydligt planerad. En typisk tomt vid kanalen var tio meter bred mot gatan och
tjugo meter djup. Den engelske ambassadören Bulstrode Whitelocke var på
besök år 1653. Han beskrev detta pionjärernas Göteborg med milt överseende:

*Såväl åtskilliga förnäma och mindre förnäma holländare, skottar och andra
lika väl som svenskar har byggt den här staden och uppfört många vackra
tegelhus, vilka emellertid ser ut att vara inte alltför stabilt byggda.*

I slutet av 1640-talet var det ont om tillgänglig tomtmark innanför vallgraven.
Kåkbebyggelse hade börjat dra sig uppför Otterhällan. En kaotisk förstadsbe-
byggelse av skjul och kålgårdar kavlades ut på ängarna i det som snart började
kallas Haga. Inom vallgraven var de provisoriska kyrkorna först på plats, därpå
rådhus (1634), fängelse (1636), tull- och packhus (1637), krutkällare (1642). Hit
räknas väl också den brandröda tegelbyggnad i kärv stormaktsbarock som

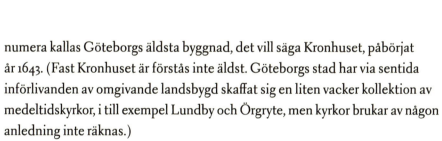

numera kallas Göteborgs äldsta byggnad, det vill säga Kronhuset, påbörjat
år 1643. (Fast Kronhuset är förstås inte äldst. Göteborgs stad har via sentida
införlivanden av omgivande landsbygd skaffat sig en liten vacker kollektion av
medeltidskyrkor, i till exempel Lundby och Örgryte, men kyrkor brukar av någon
anledning inte räknas.)

Och så byggde ju fältmarskalken Lennart Torstenson – en veteran från trettio-
åriga kriget som var så ledbruten av reumatism att han kånkats omkring på bår
mellan slagfälten – ett pampigt palats vid Stora Hamnkanalen. Det stod klart i
en första version år 1650 och är i dag landshövdingeresidens.

Måhända bör man också för den göteborgska ölhistoriens skull nämna att en
Johan Casparsson år 1645 köpte ett tomtkomplex på Holländaregatan för att
anlägga ett bryggeri. Kanske skulle en dåtida göteborgare också med stolthet ha
pekat ut två stenhus: Johannes van Ackerns apotek Strutsen på Korsgatan (byggt
1658) och justitiepresidenten Peder Knutsson Bäfverfeldts hus vid Stora Torget.

Därmed hade göteborgarna liksom fått det viktigaste på plats: rådhus, tullhus,
kyrka, kruthus, kanonförråd, apotek, bryggeri och fängelse. Vad mer behöver man?

I Göteborgs stadsmuseums arkiv finns en anspråkslös pennteckning, daterad
till cirka 1650. Om man bortser från den överdimensionerade domkyrkan kan

teckningen antas fånga det allmänna intrycket hos den ungefär 30 år gamla staden. Kronhuset är nästan färdigbyggt. Man anar till och med den låga kåkbebyggelsen på Otterhällan. Det ser redan ganska trångt ut.

I slutet av 1600-talet hade Göteborg utvecklats till en liten stad i holländsk stil med vippbroar, träd längs kanalerna, trähus med spetsiga tak.

Det finns några teckningar och stick av detta den andra eller tredje generationens Göteborg – i Erik Dahlberghs *Suecia*, naturligtvis. Var annars? Det finns skäl att gå tillbaka till den stora panoramabilden från öster – den som så förskönat visade hans fästning Göteborg. För det finns ju en tecknad förlaga till gravyren som avslöjar ganska mycket av staden innanför murarna. Det är inte Dahlbergh själv som har tecknat. Han fungerade emellanåt snarast som chefredaktör för *Suecian*. Upphovsmannen är i detta fall troligen en hjälpreda vid namn Johan Lithen, en av Stormaktssveriges många strebrar, som började som volontär och till slut – 1708 – blev Göteborgs fortifikationsbefälhavare under adelsnamnet Litheim.

Lithens teckning – säkerligen utförd efter Dahlberghs magistrala anvisningar – är häpnadsväckande detaljrik även när det gäller sådant som inte rör Göteborgs militära funktion. Bakom (de aningen överdrivna) murarna anas verkligen Göteborg med urskiljbara byggnader: domkyrkan, Tyska kyrkan, den krökta Hamnkanalen, Kronhuset – som en skyskrapa – och en glatt snurrande väderkvarn på Otterhällan. Älven är bred och sank och vassfylld. En kämpande roddare siktas där Centralstationens rangerbangård i dag ligger.

* * *

Nej, det var väl ingen perfekt stad. Men jag känner ett visst behov av att ärerädda denna lilla trånga gyttriga, grå och leriga 1600-talsstad, och det gör jag genom att hänvisa till den huvudperson som jag överhuvudtaget knappt har nämnt: den blonde, mustascherade och aningen knubbige 24-åring som en marsdag år 1619 mycket väl kan ha ridit upp på Otterhällan och pekat ner mot de fågelskräniga

22 Detalj ur teckning för Erik Dahlberghs *Suecia antiqua ett hodierna*. En del detaljer – till exempel kyrkospirans storlek – torde vara önsketänkande av tecknaren.

vassarna och bestämt att just här skulle staden Göteborg byggas, och den skulle bli så befäst att dansken aldrig skulle återkomma. Gustav II Adolf. Hjältekungen eller krigsförbrytaren, beroende på vem man frågar. Men kompetent var han. Jag har alltid tyckt att han är djupt bedrägligt gestaltad i Fogelbergs skulptur på torget. Kungen är för tjock på sin sockel och det borde ha varit en ryttarstaty. Han grundlade fler städer än någon annan svensk kung – till exempel Borås, Umeå och Piteå – och lär en gång missnöjt ha muttrat att de nya städerna var »handelslösa, ruttna och kullrivna«.

Även moderna historiker har kritiserat 1600-talsstaden Göteborg. Eli F Heckscher (1879–1952), professor i ekonomisk historia – i princip uppfinnaren av ämnet ekonomisk historia – kallade rentav Göteborg »en svår missräkning«.

Jag dristar mig att hävda att både Gustav II Adolf och Eli F Heckscher var för stränga mot Göteborg.

Jag är inte förtjust i ekonomihistoriska förklaringsmodeller. De förefaller mig ofta vara mer modeller än förklaringar. Däremot är jag mycket förtjust i ekonomisk historia, vilket lyckligtvis är en annan sak. Men jag har svårt att engagera mig i om Göteborg ska betraktas som en »nod« i en »nätverksteori« eller rentav som ett exempel på en »gateway«. Jag har alltid tyckt att Heckschers kritik har skjutit en smula över målet. Göteborg hade trots allt det komplicerade uppdraget att vara både sluten fästning och öppen stad.

Gustav II Adolfs kullrivna byar blev centrum för stadsadministrationen, för att driva in skatter, och i Göteborgs fall *samtidigt* en militär gränsfästning. Inte var det så illa.

Alla dessa kartor från 1600- och 1700-talen, ibland ritade i största förskräckelse och hast av utländska spioner, visar denna Göteborgs dubbla funktion: staden som är en fästning, det slutnaste som man kan föreställa sig, samtidigt som den är orienterad mot havet, mot vidderna, det flandriska klädet, vinerna, sjömansskrönorna och punschbålen. Lithens teckning – eller vem nu tecknaren kan vara – fångar Göteborgs unika identitet.

»DEN TÄCKASTE STAD BLAND ALLA I RIKET«

År 1747 fanns det i Göteborg 1 158 trähus och 28 stenhus. Om det gick häpnadsväckande snabbt att bygga en fästning i sten gick det uppenbarligen häpnadsväckande långsamt att bygga en stad i sten.

1700-talet är mellanseklet i Göteborgs bildhistoria. Det är fortfarande ont om bilder av stadsmiljön, men det finns trots allt en del dokumentation – och därtill skildringar i ord.

Först ut bland berättarna var Eric Cederbourg. Han brukar räknas som den göteborgska lokalhistoriens fader. Han var en hårt prövad, för att inte säga bitter, man. Han verkar ha lagt osunt mycket av sin tid på att vara ledsen över att han inte fick bli borgmästare i Göteborg. Han kände att den posten liksom var vikt

Gustav II Adolf var 24 år gammal när han på vårvintern 1619 besökte Älvsborgs slott och inspekterade det vattensjuka älvdeltaområde där den nya staden Göteborg skulle anläggas. På väg tillbaka till Stockholm - i Jönköping - undertecknade kungen den 18 mars 1619 ett tillfälligt privilegiebrev. De permanenta stadsprivilegierna utfärdades den 4 juni 1621.

Göteborg i slutet av
1780-talet. En skildring
av vardagslivet i staden.
Färglagd gravyr efter
Elias Martins teckning.

för honom. Men han skrev det första större göteborgska lokalhistoriska verket –
den första bok som kan hänföras till den brokiga litteraturgenre som nuförtiden
kallas göteborgiana. *En kort Beskrifning Öfwer Den wid Wästra Hafwet
belägna, wäl bekanta och mycket berömliga Siö- Handel- och Stapul-Staden
Götheborg* trycktes år 1739 på Kallmeyers tryckeri.

Cederbourg har ett förvånansvärt glatt berättarhumör. Med den noggrannhet
som bara kan vara följden av en genuin hembygdskärlek *mäter* han Göteborg:
från Drottningtorget till Stora Bommen är avståndet 1 245 Swenska Alnar, från
Drottningtorget till Karlsporten är det 1 080 alnar och tegelbruket vid Mölndals-
ån ligger »två eller tre Mosquet-Skott« från staden.

Entusiastisk går han nere i hamnen och kikar i båtarna och rapporterar att det
kommer tunnor med malt, havre, råg och vete från Skåne och de nordtyska pro-
vinserna; lin, vax och hampa från Reval och Riga; malagavin, pomerans, mandel,
saffran, russin och olivolja från Spanien; flanell, speglar, snusdosor, klockor och
hattar från England; solfjädrar, vita handskar, kammar, synålar, rödvin och ansjovis
från Frankrike; sill, tegelsten och kaffe från Holland; tvål, såpa och silke från Italien.

År 1731, berättar han lyckligt, hade någon med sig lejon och tigrar från Algeriet.

Samtidigt hade han den initierade stadsskildrarens eviga problem – han står
lite för nära Göteborg för att se det. Det krävs ofta en utomstående observatör.

Sommaren 1746 kom denna utomstående observatör, i form av doktor Carl
Linneaus, utsänd av Riksens Högloflige Ständer för att förteckna allt han såg av

sippor, märkvärdiga ekar, runstenar, skeppsmask och mönsterjordbruk. Skild-
ringen av Göteborg i *Carl Linnaei Wästgöta-Resa Förrättad år 1746* (utgiven
1747) rymmer bland annat den första jämförelsen mellan Göteborg och London.
Faktum är att Linné knappt hann lämna nattkvarteret i Lerum innan han såg det:

*Strax öpnades Götheborgs Län med et långt, men smalt fält af ängar och åkrar,
som sträckte sig hela milen in åt Göteborg. Detta liknade nog Tems floden,
(allenast det stådt under watten) då man ifrån hafwet seglar in åt London,
fast de på bägge sidor liggande bärg woro här mer skallote och klippfulle.*

Linné kom till Göteborg den 9 juli 1746. Hans beskrivning är så ofta återgiven att
läsaren nästan glömmer hur bra den är. Här noteras inte bara broar och »löfträn«
(en märkligt vag observation av Linné som annars brukade vara noga med art-
namn på både svenska och latin), utan även de typiska träfasader som målats
fiffigt för att likna stenhus.

*Göteborg war den täckaste stad bland alla i Riket, til storlek något mindre
än Upsala; nästan rund, omgifwen och befästad med Wallar och Grafwar;
afdeld med regulaira, räta och jemna Gator; genomskuren med åtskilliga
Grakter eller grafwer, som på ömse sidor hafwa gator. Sjelfwa grafwerne
äro på sidorna perpendiculairt murade med gråsten, så at gatan til en mans
högd står öfwer wattnet; Broarne eller Bryggorne äro hwälfde; Löfträn äro
planterade på ömse sidor om grafwerna, så at denne Stad mycket liknar de
holländska städer. Husen äro til största delen store och swåra Träbyggningar,
af två wåningar, och nära intil hwarandra stälde, utanpå beslagne med
bräder, samt målade med röd eller gul färg, men knutar och fönsterkarmar
med hwit eller blå; så att de på någon distance mycket likna stenhus: grunden
eller murarne äro äfwen som wäggarne beslagne med bräder.*
    *Taken äro af tegel och fönstren av Ängelskt eller Franskt glas. Göta Elf stryker
intil staden, och har communication med grakterna; men på wästra sidan
stöter Hafswiken til staden, så at stora skepp kunna nåkas staden på 1 eller ½
mil, och där hafwa en beqvämlig hamn; men små och nätta fartyg kunna gå in
i sjelfwa staden; eljest skiljda et par höga bärg hafwet ifrån staden. Han ligger
nog sidlänt, så att husen ofta äro bygde på pålar, häraf sker, at watnet i grafwer-
na är ofta något stinkande, hwaraf orten blifwer mindre sund. Här i staden är
Landshöfdingesäte, Gymnasium, Guarnizon, Ammiralitet, Fortification, Ar-
tilleri, en skön Rådstuga med Börss, trenne Kyrkor och Ostindiska Compagniet.*

Det enda som fattas i denna magnifika portaltext är göteborgarna. Säga vad man
vill om Linné. Han var en stor skildrare. Men någon reporter var han inte. Och
göteborgarna kommer jag att återkomma till.

Titelsidan till den första
upplagan av *Carl Linnaei
Wästgöta-Resa Förrättad
år 1746*. Linné var en
observant skildrare, men
ingen reporter.

25

Södra Hamngatan i riktning mot Lilla Torget och Stora Bommen. Färglagd gravyr av Martin Rudolf Heland efter Elias Martins teckning från 1787.

Linnés berättelse överensstämmer med intrycken hos Abraham Hülphers – en musikalisk topograf från Västerås – som år 1759 passerade Göteborg på vägen till Köpenhamn. Hülphers beskrev röda och gula trähus med engelska fönster och tegeltak och tyckte att mycket var trångt och slarvigt byggt, med takdropp och röta.

Allt var alltså inte idel välstånd. Staden Göteborg hade – för att komma med en upplysning i en teaterviskning – ständigt ont om pengar i mitten av 1700-talet, trots stor påhittighet i form av avgifter som tolag, revierspenningar, roderbåk- och pålpenningar, tunnepenningar, väggpenningar och brandavgifter. Göteborg var redan då god tvåa i Sverige med 10 000 invånare, långt efter Stockholm (60 000) och kort nos före Karlskrona och Norrköping. Detta sagt med en brasklapp, för det är inte lätt för nutidens historiker att beräkna folkmängden i svenska städer på 1700-talet, och föga överraskande verkar det vara allra svårast när det gäller Göteborg.

Det finns en serie bilder från det sena 1780-talets Göteborg – likartade gravyrer, etsningar och färglagda tryck. Alla kan härledas från några teckningar av Elias Martin. Martin hörde till kretsen kring Gustav III. Han drack med Bellman och Sergel och fick prestigeuppdraget att bidra med teckningar till kungens *Svenska vuer*. År 1787 var han i Göteborg.

Trots några decenniers glapp överensstämmer Elias Martins bilder väl med Linnés och Hülphers skildringar. De mest kända tablåerna visar Göteborg kring Stora Hamnkanalen: välvda stenbroar, knaggliga gator, träd på kajerna, hemförarbåtar med lådor och balar, kärror med vattentunnor, träbryggan vid Brunnsparken, Lilla Bommen (som verkligen är två vertikala bommar) – och hästar, bärare, vagnar, män med knäbyxor och en raggig hund. På Norra Hamngatan står en enkel kran.

Elias Martin tecknade också Karlsporten. Han bör ha stått på Kungsgatan.

Det är en bild med helt annan karaktär än det karamellglada myllret längs Stora Hamnkanalen. Karlsporten är ett mörkt tegelvalv, murarna är slitna, nötta berg-knallar går i dagen.

Denna teckning ger en aning om det Göteborg som under 1700-talet hade vuxit så mycket att de gamla murarna i praktiken började bli meningslösa. Ekipagen vid Karlsporten på Martins teckning kan antas vara på väg mot Majorna. Det var ett parallellsamhälle som var större än många svenska städer, och där det på en sträcka av ett par hundra meter fanns fler brännvinskrogar än på hela den bohuslänska landsbygden. Och där fanns sillsalterier, för i väst-kustens historia är andra halvan av 1700-talet också den stora sillperioden.

Vi bör vara glada över att vi har Cederbourg, Linné, Hülphers och Martin – tre bildmakare i ord och en riktig bildmakare. De ger åtminstone en aning: den holländska staden var borta, men Göteborg var fortfarande en låg och nästan bylinande trähusstad.

Men alla fyra hade förstås också sett spåren av något annat. Om detta var de anmärkningsvärt förtegna. Det är värt ett eget kapitel.

DEN BRINNANDE STADEN

Jag kan inte underbygga mitt påstående med någon statistik eller forskning, men jag har en känsla av att ingen svensk stad har brunnit fler gånger än Göteborg. Bilden av Göteborg är en bild av bränder eller rättare sagt: av brändernas följder.

Den 2 januari 1669 brann 50 hus mellan Kungsporten och Östra Hamnen. Den 15 april 1721 brann 213 hus söder om Stora Hamnkanalen, däribland domkyrkan och gymnasiet. Natten mellan den 13 och 14 januari 1746 brann i stort sett hela Femte kvarteret inklusive Kristine kyrka (Tyska kyrkan), kommendantshuset,

Karlsporten från insidan, sedd från nuvarande Kungsgatan. Etsning efter en av Elias Martins ursprungliga teckningar från 1787.

27

Corps du Garde, Barnhuset, ett par artilleri- och fortifikationsbyggnader och ytterligare 196 hus. Ur Kristine kyrka lyckades man i princip bara rädda predikstolen.

Sedan satte det i gång ordentligt, till den grad att det lokala brandförsäkringsbolaget prydligt gick i konkurs:

- Den 2 mars 1792 brann under femton timmar 110 byggnader i Tredje kvarteret söder om Stora Hamnkanalen.
- Den 3 februari 1794 brann 87 hus.
- Den 20 december 1802 brann Andra kvarteret söder om Stora Hamnkanalen och ödelade domkyrkan (där köpmannen John Hall d ä stod lik), synagogan, gymnasiet, Frimurarelogen och Evangeliska brödraförsamlingens hus. Till och med kyrkogården eldhärjades så svårt att man efteråt slutade att använda den som begravningsplats.
- Och till slut – som bisarr final på dessa tolv år av bränder – brann den 1 november 1804 stora delar av Första kvarteret, landskansliet, delar av kasernen och ytterligare 200 hus, varpå 8 000 göteborgare blev hemlösa. Det blev ett slags slutpunkt. Det fanns helt enkelt inte mycket mer som kunde brinna.

Göteborg var alltså brändernas stad. Det kastar onekligen ett egendomligt ljus över Linnés Göteborgsskildring från sommaren 1746 – där han beskriver Göteborg som Sveriges vackraste stad, trots att han rimligen måste ha klivit mellan sotsvarta ruiner från de drygt 200 byggnader som hade brunnit ett halvår tidigare.

Men kanske såg Linné bränderna som något alldeles naturligt. Det brann brasor överallt – från öppna spisar, bloss, kritpipor, talgdankar, tranlampor och vaxljus. Brandrisken var alltid närvarande. Den göteborgska brandförordningen från 1725 andades snarare vanmakt än kontroll:

Som i alla hus är 1 tunna vatten till minsta ordinerat, i var kvarter 4 träkar, alltså måste borgerskapet närmast vid eldsvådan strax utskaffa sina kar på gatorna ...

Samtidigt var det till slut bränderna som skapade det nya Göteborg. Det var bränderna som gjorde slut på den låga trästad från 1600-talet som segt dröjt sig kvar och motstått alla förordningar och ambitioner. Bara bränderna rådde på trästaden.

För varje brand uppstod ytor. I Göteborg kunde arkitektdynastin Carlberg successivt kliva fram på 1700-talets brandtomter. De tre carlbergarna täckte nästan hundra år. (Den andre av dem, Bengt Wilhelm Carlberg, har nått viss ryktbarhet även utanför den lilla knappologiska krets som intresserar sig för Göteborgshistoria, ty han var ett av ögonvittnena när Karl XII med litet plopp – »som man kan slå med tu finger i handen« – sjönk ihop i löpgraven i Norge den 30 november 1718.)

Två bilder av Lilla Torget – en av Göteborgs mest avbildade platser – fångar den övergång från trä- till stenstad som tvingades fram av bränderna. På Justus Fredrik Weinbergs akvarell från 1793 är Södra Hamngatans tak fortfarande en

Lilla Torget 1793. Akvarell
av Justus Fredrik Wein-
berg. Trästaden är fort-
farande synlig med sina
lägre fasader.

Lilla Torget 1836, nästan
45 år senare. Litografi
efter teckning av Leonard
Björkfelt. Stenstaden är
nu införd.

ojämn tandrad. Men i en litografi, baserad på en teckning av Leonard Björkfelt
från 1836, är stenstaden införd. Det är ett knappt halvsekel mellan bilderna. De
visar en i grunden förändrad stad.

Det hade tagit nästan 200 år, men till slut var trästaden Göteborg borta.

När Leonard Björkfelt gjorde sin teckning hade dessutom vallraseringen – den
dystre landshövdingen Carpelans initiativ – börjat vinna effekt. Det är en sällsam
omständighet att Göteborgs stadsutveckling fram till mitten av 1800-talet har
drivits framåt av två *förstörelser*: bränderna och vallraseringen, en ofrivillig och
en frivillig.

Häri ligger också förklaringen till att Göteborg än i dag är en så förbluffande
lättläst stad för den arkitekturintresserade flanören: allt är byggt i tur och ord-
ning, det är som ringar på vattnet.

I över ett halvsekel kunde den befriade staden Göteborg breda ut sig på de gamla brandtomterna och forna fästningsytorna, med allt sådant som följde med 1800-talet: allmänna byggnader, gryende industri. Trädgårdsföreningen inklusive pelikandamm och schweizerkrögare med rolig dialekt. Feskekörka, Latinläroverket, Sociala huset, Centralstationen, Keillers verkstad, Rosenlunds textilfabrik. Från mitten av 1800-talet kunde man rentav på de gamla frigjorda ytorna se ett fenomen som samtiden betraktade som något högst onaturligt, ja rentav som något omoraliskt: *hyreshus*, hus som byggdes av någon som inte själv planerade att bo där.

Men då är vi nästan bortom ramarna för de 250 första åren och på god väg in i den fotografiska epoken. Den får dock anstå. Ty vi är på intet sätt klara med 1600- och 1700-talen. Faktum är att jag knappt har nämnt det viktigaste. Jag har bara låtit dem flimra förbi.

Men det är trots allt dem och deras bilder det handlar om: *göteborgarna*.

VEM VAR DEN FÖRSTA?

Jag är barnsligt förtjust i tanken på att få reda på vem som var *först*. Vem var den *första göteborgare* som avbildades i en Göteborgsmiljö?

Av 1620-talets holländska köpmän och kanalingenjörer finns bara mörka porträtt av barska rödmosiga män med vita kragar. Jag hade velat se Abraham Cabeliau eller Jacob van Dijck i bärstol i gyttjan vid Stora Hamnkanalen. Eller vattenvägskonsulterna Aertsen och Van Werdt kämpande i diset och vassarna, i dimman och dunsterna, med mätstickor och snören.

Den första svenska göteborgare som lämnat avtryck hette Johan Adler Salvius. Han tillträdde en befattning med diffusa begränsningar – i princip som ett slags göteborgsk stadsplaneringschef – i maj 1621, det vill säga någon månad innan staden Göteborg i formell mening ens existerade. Han gjorde fiasko. Han försökte arrangera lottdragning om tomterna i den nya staden. Det var en kväll full av skrik och bråk i Nya Lödöses rådhus. Adler Salvius hade delat upp lotterna i tre pottor: en för dem som ville bygga hus helt i sten, en för dem som ville bygga hus med en kombination av trä och sten, och en för dem som ville bygga i enbart trä. De två första pottorna var knutna till fina kanaltomter. Det gick som det gick. Alla ville dra lotter ur mittenpottan. Svenskarna skrek att holländarna favoriserades. Och Adler Salvius fick sparken.

Även i hans fall finns ett porträtt: en lätt glosögd ung man med slug min och fjuniga mustascher.

Nej, det finns i princip inga avbildningar av 1600-talsgöteborgare i Göteborg. Men reservationen »i princip« är i detta fall inte en tom fras. För det finns faktiskt *något* – en gäckande avbildning – som jag ska be att få återkomma till.

Men 1600-talets göteborgare måste man alltså huvudsakligen nalkas från andra håll än via bilderna. Vilka var de? Eller snarare: vilka blev de? Det fanns

30   En av de holländska köpmännen och pionjärerna i Göteborg, i vit krage: Jacob van Dijck.

ju ingen jordägande överklass, ingen furste i närheten, inga ämbetsverk. Göteborgarna vande sig vid att sköta sig själva. Kanske kan man ana ett spår av Göteborgs DNA här? Vi är vana vid att göra som vi vill – och i synnerhet inte vad någon i Stockholm vill.

Och hur präglades personligheten hos dessa för eftervärlden ansiktslösa göteborgare genom de ständiga kontakterna med utlandet? De skeppade stångjärn till England och de tyska nordsjöstäderna eller skinn, tjära, master och nötter till Holland. Den 20 juni 1653 utklarerades kapten Petter Jaeger för resa från Göteborg till Holland. Det var det 54:e fartyget som lämnade Göteborg år 1653. I lasten fanns 36 master, 114 stolpar, 91 tolfter brädor och 450 skeppund stångjärn. Lasten ägdes av fjorton göteborgska handelsmän och en kvinna: Christina Bergenström, änka efter justitiepresidenten Peder Knutsson Bäfverfeldt. Den 4 augusti 1653 anlände ett fartyg från Hamburg, med last av kvinnostrumpor, bomull, kardemumma, ris, alun och tobak.

Det var göteborgarnas vardag. En förteckning över stadens avlöningslista tecknar en bild av fästnings- och handelsfolk: sekreterare, bokhållare, vågmästare, slussmästare, stadsfiskal, stadsmusikant, stadsbyggmästare, skarprättare och en viss Måns Bengtsson med den exotiska titeln *bomslutare*. Han stängde alltså bommarna på kvällen. Det kostade 90 daler om året att hålla bomslutaren Måns Bengtsson i gång.

Min favoritgöteborgare från 1600-talet är annars fru Beata De la Gardie. Jag vet inget om henne mer än att hon var änka efter den ledbrutne fältmarskalken Lennart Torstenson. Det finns ett porträtt av henne, storartat, i olja. Fru Beata är omsluten av guld, kolonner och pärlor. Ett medelhavslandskap med cypresser anas i bakgrunden. Göteborg ser det inte ut att vara. Änkefru Beata var värdinna

Johan Adler Salvius. Hans göteborgska karriär blev kort efter en misslyckad lottdragning om nya tomträtter i staden.

31

Den tidiga göteborgska lobbyisten, grevinnan och änkan Beata De la Gardie, bodde i det nuvarande landshövdingeresidenset. Här porträtterad av David Klöcker Ehrenstrahl.

när Karl X Gustav våren 1658 bodde i det Torstensonska palats som i dag är landshövdingeresidens. Kungen stannade i ett par veckor. Till vardags brukade han nöja sig med två tjugofyrarättersmål om dagen. Han var en formidabel ätmaskin.

För denna heroiska insats belönades fru Beata av Göteborgs magistrat med sex kilo kanderat socker. Jag tycker om att betrakta henne som Göteborgs första lobbyist.

År 1660 arrangerade man förresten riksdag i Göteborg. Det var, som det heter, *en utmaning* att ordna bostäder och konferenslokaler för ett par hundra riksdagsmän. Prästerna fick konferera på läktaren i domkyrkan. Det verkar vara oklart om bönderna överhuvudtaget tilldelades någon sammanträdeslokal. Och kungen, Karl X Gustav, fick influensa och dog i residenset, in i det sista väsande instruktioner till kammarskrivarna. Det var dystra vinterdagar i Göteborg, inte alls samma feststämning som våren 1658. Stadsportarna stängdes. Kungen låg död i ett kallt rum. Riksdagsmännen kivades. Det var den första manifestationen av evenemangsstaden Göteborg.

Det finns ett roligt fönster till 1690-talets göteborgare i form av 1691 års tjänstebeskrivning för Göteborgs kommendant. Den beskriver steg för steg hur stadsmajoren ska bära sig åt för att öppna fästningen Göteborg på morgonen och stänga den på kvällen.

1. Portarne så wähl som Bohmarne skole hwar Afton i Skymningen slutas; doch om Sommaren när längsta dagarne äre, klockan 9 om Afftonen, då alltijd en fierendels tijma förr än slutningen skeer, skall ringas uthi dhe der till förordnade klockor widh begge Stadz Portarne och Stora Bohmen ...

Stadsmajoren, en underofficer och fyra beväpnade knektar hämtar alltså stadens nycklar hos borgmästaren och vandrar sedan tålmodigt till Stora Bommen och Lilla Bommen. Bara stängningen av Östra Porten är ett rörande krångligt projekt. Stadsmajoren måste kolla slagbommen, ravelinsvindbron, ravelinen, »stora windbryggan med kloppen« och det sista låset – själva porten. Det var inget skämt att stänga fästningen Göteborg. Instruktionen är så vitt jag vet den äldsta skildringen av en Göteborgspromenad.

Så stiger ur de många dokumenten och de fåtaliga teckningarna och gravyrerna trots allt en bild av göteborgarna: garnisonssoldater, pigor, vagabonderande gesäller och utländska sjömän instängda på liten yta på natten. Gräl på västgötska, plattyska och holländska. Näsor som sniffade på hemförarbåtarnas säckar med kanel och muskot. Slagsmål och epidemier. Rättegångsprotokollen tecknar nakna porträtt. Den 30 september 1657 fördes förhandling efter att Lars Karlsson hade knuffat Johan Skräddares hustru i en vattenpöl och slagit henne med ett vedträ »så att hon är blå vorden«. Hon hade i gengäld dragit honom i håret och »slagit honom ögonen fulla med träck«. Båda dömdes.

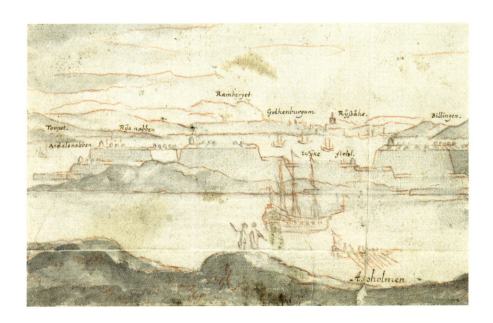

Av dessa göteborgares vardag finns inga kopparstick eller teckningar eller oljemålningar.

Men *något* finns alltså.

Det är naturligtvis Erik Dahlbergh igen. Det kan inte hjälpas. För i hans magnifikt upplagda *Suecia* finns inte bara det berömda panoramat från öster med de frejdiga kyrkspirorna. Där finns ytterligare fem kopparstick med Göteborgsmotiv – och i minst ett fall finns gravörens tecknade förlaga bevarad. Det är Drottning- och Kungsporten – från in- och utsidan – och Nya Älvsborgs fästning. Kungliga biblioteket har tillgängliggjort gravyrer och teckningar med hög upplösning.

Bara en av de tecknade förlagorna – Nya Älvsborg – verkar med säkerhet vara tecknad av Dahlberghs hand. Det är antagligen också den äldsta teckningen. Två figurer står i förgrunden. Det skulle kunna vara en man med en käpp och en kvinna med en sejdel eller remmare i handen. De står på Aspholmarna – det vill säga intill nuvarande Älvsborgshamnen – och blickar ut över sluparna, älvmynningen, fästningsmurarna och örlogsflaggorna. Jag vill gärna tänka mig att Erik Dahlbergh verkligen har sett dem – två 1600-talsmänniskor. Att han har fångat ett ögonblick. Men Aspholmarna var ju inte Göteborg på 1600-talet.

De fyra stadsportsgravyrerna är intressantare. Originalteckningarna verkar inte vara bevarade. Kanske är det hjälpredan fortifikationskapten Johan Lithen som har gjort dem. Gravyrerna efter teckningarna är utförda av Johannes van den Aveelen år 1711 i Stockholm. Det är det närmaste vi kommer illustrationer av det göteborgska gatulivet på 1600-talet. De flesta gestalterna är schablonartade. Det är lakejer, kanoner, soldater med långa mynningsladdare och knäbyxor, en trilskande häst. På insidan av Drottningporten syns en liten scen där man anar att tecknaren – kanske Dahlbergh eller Lithen – har fångat en observation. Det

En glimt av 1600-talet – de gäckande gestalterna vid Aspholmarna. I bakgrunden syns möjligen en fregatt och en galär. Teckningen är sannolikt utförd av Erik Dahlbergh.

33

Portæ Gothoburgenfis, quæ
facies interior

HS dicitur,

j. v. d. Aveelen fe. Holmiæ 1711.

Stormaktstidens folkmyller innanför Kungsporten: adelsmän, betjänter och soldater. En praktkaross passerar. I nedre högra hörnet ses en man, med lyft hatt och fyra oknäppta knappar, samtala med en soldat. Ur Erik Dahlberghs *Suecia antiqua et hodierna*.

är en kvinna med ett spädbarn vid bröstet. Det går inte att urskilja hennes ansikte. En annan kvinna pratar med en soldat. Det är väldigt skissartat.

Men på gravyren över Kungsportens insida, det vill säga vid nuvarande Kungsportsplatsen, syns alltså något.

En praktkaross har precis passerat. Omedelbart bredvid den, i gravyrens nedre högra hörn, står han. Han har ännu hatten lyft. Det är ett individualiserat ansikte: en rufsig frisyr, påsiga kinder, skägg, en slarvigt uppknäppt jacka. Det är ett porträtt av den typ där man brukar säga: det är inte så porträttlikt, men den som känner honom känner igen honom.

Fyra knappar är oknäppta.

Kanske är det den äldsta avbildningen av en göteborgare i Göteborg. Kanske är han den första. Jag vet inte. Jag vill gärna mig tänka mig det.

»HÄR FINNAS ÅTSKILLIGE RIKA HANDELS-HUS«

Bland de tidiga 1700-talsgöteborgarna står mig ingen närmare än fru Charlotta Regina Palbitzki med kokboken. Hon verkar ha varit en gangster. Hon var gift med landshövdingen Eric Siöblad, en osedvanligt hal mutkolv som lyckades med den enastående prestationen att vara så olämplig i sitt ämbete att göteborgarna i desperation låste in honom i residenset vid Stora Hamnkanalen. De kunde ju inte gärna, resonerade de, gripa sin egen landshövding. I stället bommade de igen från utsidan. Mitt i detta befann sig fru Charlotta, och enligt ryktet var hon lika korrupt som sin make. Men hon nedplitade också en liten kokbok som ger en aning om kosthållningen i ett välbärgat Göteborgshem i början av 1700-talet, och för denna inblick över middagsbordet för 300 år sedan har hon alltid en plats i mitt hjärta. Fru Charlotta serverade mandelnudel, brunelltårta,

36   Eric Siöblad – den korrupte landshövdingen som slutligen blev satt i husarrest av göteborgarna. Kan antas ha ätit höns med sockerrötter tillagade av hans lika korrupta fru.

Lars Gathenhielm – sjöhjälten och fribytaren som gick på kryckor. Fast på denna målning ser han ganska ofarlig ut.

oxbringa, ragu av hare, äpplemunkar, laxvälling och höns med sockerrötter. Någon gång ska jag äta höns med sockerrötter.

Den göteborgare som annars brukar få personifiera det göteborgska 1710-talet – Lars Gathenhielm – har jag dock aldrig riktigt fått kläm på. Han var Karl XII:s främste kapare, i praktiken chef för en gräll och luggsliten privat del av örlogsflottan vars främsta uppgift var att besvära danskar. Att Gathenhielm – tillsammans med hustrun Ingela – lyckades med detta trots att han hade vad som i dag (men inte då) kallas funktionsvariation gör inte saken mindre imponerande. Han linkade omkring på kryckor, troligen fruktansvärd till humöret, i allongeperuk, och han sysselsatte förstaden Majorna med beställningar på rep och tjära och kölhalning till sin kapareskader.

Men man får liksom inte grepp om honom. Det finns ett porträtt av Lars Gathenhielm, men jag är skeptisk. Målningen visar en vek aristokrat. Gathenhielm var en slug Onsalapojk. Det bevisar bara att målningar kan ljuga lika mycket som fotografier.

Men det korrupta landshövdingeparet Siöblad och fribytarparet Gathenhielm symboliserar förträffligt det tidiga göteborgska 1700-talet: en romantisk och rörig tid, full av fylleri och dueller och mutor.

Och inget kan väl vara mer typiskt för denna urspårade tid än det fullständigt bisarra försöket att fylla Majorna med pirater från Madagaskar. Det handlade om tillgång och efterfrågan. På Madagaskar fanns på 1710-talet en stor piratkoloni som kände sig alltmer besvärad av engelska piratjägares påpasslighet. Efter ett toppmöte i Paris mellan svenskar och pirater utnämnde Karl XII piratledaren Galloway till *svensk* guvernör över Madagaskar. Piraterna skulle sedan flytta till Majorna utanför Göteborg och medföra 60 fullt bemannade fartyg präglade av kragstövlar, flintlåspistoler och träben. Kapten Galloway gjorde tydligen ett diskret besök i Majorna år 1718, men sedan sköts Karl XII och där försvinner alla spår av piratkungen Galloway i Majorna. Jag tycker om att tänka mig bilden av Galloway: mörkret i Stigbergsliden, vaxljusen på värdshuset Sista Styvern, de namnlösa nattsuddarna, de tunga piratstövlarna. Ibland är det verkligen trist att bilder saknas.

Sedan blev det lugnare. Den typiska bilden från det göteborgska 1700-talet är köpmannaporträtt. Det verkar finnas hur många som helst.

Dessa porträtt är, trots betydande förskjutningar i klädmodet, intill förväxling lika: det är fylliga män, gärna med antydan till dubbelhaka, och bestämd underläpp. Det första glaset punsch i Sverige dracks av några av dessa herrar hemma hos ostindiedirektören Niclas Sahlgren år 1733. Ostindiska kompaniets betydelse överdrivs hejdlöst i äldre framställningar av Göteborgs historia. Kompaniet gjorde 132 resor på 74 år och återkom, efter bortåt två år långa resor från Kanton i Kina, med te, porslin, siden och den mytomspunna metall som dåtiden kallade *tuttanego* och som vi i dag kallar zink. Men kompaniet satte snarare färg på

Niclas Sahlgren - ostindie-
direktören som importe-
rade porslin, siden och
kryddor och som antagli-
gen serverade den första
punschen i Sverige.

Sir William Chambers,
ytterligare en man från
Ostindiska kompaniet.
En fiffig karriärplanerare
och den enda götebor-
gare som har begravts i
Westminster Abbey.

gatorna än på Göteborgs ekonomi. Matroser med gröna näsdukar runt flinten
och en markatta på axeln siktades.

Några av figurerna runt kompaniet var oslagbara snackepellar. Bäst – eller
värst – i den vägen var Göteborgspojken William Chambers som for som
superkargör och återvände med kinesiska intryck. Med hjälp av egendomliga
glidningar och halvsanningar katapulterades han upp i den brittiska hierarkin
som arkitekt genom att i England, med väl valda blinkningar och tonfallsför-
skjutningar, låta antyda att han var ett stort namn i Sverige och i Sverige antyda
att han var ett stort namn i England. Till slut hade han manövrerat sig fram till
kung Georg III – möjligen var de lika galna – och han är fortfarande den enda
göteborgare som har begravts i Westminster Abbey.

De mer jordnära göteborgska handelsmännen korresponderade som vanligt
med Stockholm, Visby, Hamburg, Amsterdam, Guernsey, Rouen, Helsingör,
Hamburg, Nantes, Danzig och Bourdeaux. Deras skepp seglade ut med järn,
trä, tågvirke, pottaska, enbär, takrännor, baljor, byttor och tråg, och de seglade
tillbaka med salt, råg, tobak, ohäcklat lin och rysk hampa. Stångjärnet kom från
bruken i Dalsland och Värmland och fördes på strömbåtar på Göta älv, vägdes
på järnvågen i Brunnsparken och togs på hemförarbåtar till fartygen.

I november 1780 skrev en göteborgsk köpman vid namn Henry Greig till
köpmannen Nicholas Brown i Providence på Rhode Island. Efter en inledande
instruktion om den bästa segelvägen till Göteborg (»hög nordlig kurs, förbi
Orkney- och Shetlandsöarna«) förklarar han att han från Amerika gärna köper
»tobak, ris, indigo, kaffe och socker«. I gengäld kunde han från Göteborg sälja
bland annat spik, skyfflar och stekpannor till amerikanerna.

Göteborg var, kort sagt, en stad där man gjorde affärer.

Den tidiga feministiska filosofen Mary Wollstonecraft från London – länge mest känd för att vara Mary Shelleys mor – skrev år 1796 ogillande om dessa högröda göteborgska affärsmän:

Götheborg är en nätt, glad Stad, bygd i Nederländska smaken. Gatorna äro på flera ställen genomskurna av Canaler, och prydda med Alleer, som skulle göra dem rätt angenäma, om icke Stenläggningen wore så beswärlig.

Här finnas åtskillige rika handels-hus, af hwilka de som härstamma från Skottland, drifwa mästa rörelsen. Handeln med Frankrike under Kriget, har i synnerhet warit förmånlig för de betydligare Köpmän härstädes, hwilka också, jag fruktar det, genom stegring i alla priser skadat de öfrige Stadens Inwånare.

Alt folk af anseende, jag förstår därunder folk af stor förmögenhet, är här Köpmän, hwilkas förnämsta njutning består i den wederqweckelse som inhämtas wid middags-bordet; men detta tyckes mig dock, för folk som hafwa många bref att skrifwa och widlyftiga böcker att hålla i ordning, nästan för bittida anrättas – nemligen emellan kl. 1 och 2. Denna wederqweckelse njutes under et långt qwarsittande, hwarwid man icke underlåter at wisa bouteljen sin tillbörliga respect. Också synes i sanning uti et Stort Sällskap, då hwarken Litteratur eller offentliga Skådespel gifwa ämne för Samtalet, en fet middags-måltid öpna den bästa werkningskrets.

Boken utkom i svensk översättning 1798 under titeln *Bref, Skrifna under et kort wistande i Swerige, Norrige och Danmark.* Det blev ett liv när den nådde Göteborg.

Mary Wollstonecraft – den förargliga iakttagaren av göteborgska middagsvanor, vilka skildrades i boken *Bref, Skrifna under et kort wistande i Swerige, Norrige och Danmark,* utgiven 1798. Målning av John Opie.

John Hall d ä, järn- och timmerkungen på Gunnebo. Han var en av många köpmän med brittisk bakgrund som formade 1700-talets Göteborg.

39

I marginalen kan man konstatera att Mary Wollstonecraft hade gjort en bärande observation: de största köpmännen hade brittiska rötter. Mary Wollstonecraft nämner dem inte vid namn, men det är lätt att gissa vilka hon kan ha träffat eller hört talas om. Det var män som hade seglat in och format det göteborgska 1700-talet. De hette saker som Thomas Grundy, Hugh Ross, William Chalmers, Benjamin Hall, George Bellenden, John Tarras och Thomas Erskine. Den störste av dem var järn- och timmerkungen John Hall. Han drev bruk i Dalsland och Värmland, sillsalterier, trankokerier, sågar, en hamn i Masthugget – och han byggde en enorm villa med orangeri i Gunnebo som med viss överdrift kallades slott.

När dessa 1700-talets göteborgska handelsmän dog tecknade deras bouppteckningar ofta långt mycket intressantare bilder än de ovala beställningsporträtten. Där fanns tobaksplantage, sillsalterier, stärkelsebruk, cattuntryckerier, reparebana (repslageri) och aktier i Ostindiska kompaniet, skeppsparter, masugnar, säterier, kvarnstenar, tackjärn, brännvin, stenhus, bondgårdar i Krokslätt, Frölunda eller Balltorp, en strumpfabrik, tegelbruk i Kungälv.

Där fanns faktiskt också böcker.

Bouppteckningarna visar att de göteborgska handelsmännen läste (eller åtminstone ägde) både Voltaire och pigromaner – oavsett vad Mary Wollstonecraft hade trott.

Några av dessa barska 1700-talsmän hann förresten överleva in på 1810-talet. De skulle därmed hinna uppleva något som i grunden förändrade deras värld.

»STARKA DRYCKER, LYX-ARTIKLAR OCH ONDA RÅD«

Det kallades Kontinentalsystemet. Det är det märkvärdigaste som har inträffat i Göteborg. Det var slutet på den gamla tiden och början på den nya tiden.

Kanske är det också det enda politiska beslut som i grunden har påverkat alla göteborgare, rimligen så gott som hundra procent. Det var Napoleons förtjänst eller fel. Jag är inte säker på om han överhuvudtaget var medveten om Göteborgs existens. I kriget mot England lät Napoleon år 1806 införa en blockad för engelskt gods i alla kontinentens hamnar. Han ville lamslå den brittiska utrikeshandeln. I London såg sig affärsmännen omkring för att hitta en användbar hamn på betryggande avstånd från Napoleon.

De fann – starkt förenklat – Göteborg.

Det pågick i ett halvdussin år. De göteborgska handelsmännen befann sig i den europeiska handelns centrum. Från London, Liverpool och Newcastle kom kolonialvaror som råsocker, portvin, fikon, indiska tyger, rom, tobak, indigo och kork.

Plötsligt seglade tusen fartyg om året från Göteborg – till Kanton, London, Genua, Providence och Boston. Göteborg sjöd av välstånd och högkonjunktur. Under första halvåret 1812 noterades 818 resenärer i Göteborg. Av dem var 62 amerikaner, från New York, Philadelphia, Boston och Baltimore.

Nya unga lejon dök upp och gjorde affärer. De hade namn som dagens göteborgare känner igen från sällsamt seglivade välgörenhetsstiftelser eller badhus. Under kontinentaltiden var de den nya generationen: Dickson, Barclay, Keiller, Wijk, Renström, Ekman ...

Sedan kraschade allt ungefär samtidigt. Napoleons blockad. Ostindiehandeln. Sillfisket. För göteborgarna måste det ha känts som världens undergång.

Men efter tio år var det mesta i gång igen. Redan år 1822 skrev kronofogde Funck ogillande att Göteborg har ett »överflöd av starka drycker, lyx-artiklar och onda råd«.

Göteborg återhämtade sig på samma sätt som det alltid har återhämtat sig: genom nya affärer. Fartygen seglade ut med järn, trä, linfrö, alun, bergmossor och kummin. Och fartygen seglade tillbaka med råsocker, tobak och kryddor.

På 1830-talet var Sven Renström – den excentriske ungkarl som sedermera skulle testamentera en förmögenhet till göteborgska badhus – i full färd med att skicka spiror, åror, sparrar, plankor och bräder till Hull, London, Nantes och Granville. Den stora återhämtningen är synlig i bevarade dokument. Den 6–7 juli 1840 anlände till Göteborgs hamn mahogny och risgryn från Charleston till E E Haeger, bomull, tobak, tvål och risgryn från Boston till A Barclay & Co, sill från Stavanger till J A Kjellberg, salt från Torrevecchia till W Gibson och en låda böcker från Frederiksvaern till Gleerups bokhandel.

Det är alltså lätt att få intrycket att Göteborg var handelsmännens stad. I någon mån var det sant. Men i någon mån var det också falskt. Det är en fråga om perspektiv.

I de gamla skeppslistorna är det sant. Världshandeln ökade och det gynnade Göteborg. Från Göteborg skickades stångjärn och plank. Från Göteborg skickades havre till alla Londons spårvagnshästar. På 1840-talet gick Göteborg förbi Stockholm som importhamn. Göteborg var den stad som var tillgänglig för de engelska och skotska handelsfamiljerna, och det var inte enbart för att deras kusiner och morbröder bodde här.

I mitten av 1800-talet gick det snabbare för en Londonköpman att åka till New York än till Stockholm.

»Lilla London« som benämning på Göteborg var inte en tom fras.

I jakten på bilden av *göteborgaren* finns det skäl att stanna här, någonstans i mitten av 1800-talet.

Det går att iaktta ett slags kontinuerlig följd av skeppare och handelsmän. Det var alltså göteborgarna under de första 250 åren. En stad av handlare och sjöfarare. Och en och annan munter pirat.

Det är åtminstone det intryck man kan få.

Den stad som anas på Elias Martins laverade teckningar – för att välja något från mitten av detta väldiga tidsspann – kan ibland framstå som en välmående och akvarelljus stad. Det är en stad där ljuslynta göteborgare vandrar under lövträden och med välbehag inväntar en ny last.

Denna bild är inte osann. Längs hamnkanalerna fanns verkligen ett underbart och förmöget Göteborg. Här bodde under de första 250 åren (med små variationer beroende på den kronologiska ramen) fint folk: exempelvis ryttmästare, direktörer, handelsmän, apotekare och bryggare. De hade lakejer, kammarjungfrur, informatorer, kuskar, kontorsbetjänter, uppassare, gårdsdrängar, bodgossar och ekipagehästar.

Men när jag har låtit denna sekellånga parad av köpenskap och välstånd passera har jag också haft en tilltagande och skavande känsla av att något saknas.

Jag har nämnt dem som hastigast. Men det är hög tid att säga något mer om den enorma men aldrig eller sällan avbildade majoriteten.

DE NÄSTINTILL OSYNLIGA GÖTEBORGARNA

I ungefär 250 år var de flesta göteborgare fattiga. Periodvis levde tre fjärdedelar i armod. Det var tunnbindargesäller, sjömän, tolagsvaktmästare, hökare, packhuskarlar, pigor, järndragare, segelduksarbetare och matroser. Den typiska göteborgaren hade ingen våning med ostindiskt porslin och engelskt barockskåp och silverskedar. Hon bodde i ett trångt och mörkt spisrum. Hon bodde inte vid Hamnkanalen. Det kunde – för att ta exempel från Sillgatan år 1790 – vara ett tvåvåningsträhus med järndragaren Pehr Björk med hustru och pigan Elin, förre sockerkokargesällen Eric Wetterberg med hustru och pigan Anna, båtekarlen Hans Larsson med hustru, hustimmermannen Johan B Niebell med hustru, fortifikationstimmermannen Olof Wahlström med hustru och ostindiefararen Anders Brusell med hustru.

Dessa göteborgare syns aldrig på de ovala porträtten. Men om man tittar noga kan man, trots allt, få syn på dem.

42   Glimtar av det fattiga Göteborg: hemförare, bärare, tvätterskor och stakare på Göteborgs kanaler. Detaljer ur gravyr efter Elias Martins teckning från 1787.

Den göteborgska majoriteten förekommer faktiskt som skissartade, nästan genomskinliga, bifigurer på Elias Martins teckningar och etsningar från 1787. De finns där: hemförarbåtsföraren, bäraren och tvätterskan på bryggan i nuvarande hörnet av Östra Hamngatan och Brunnsparken.

Det fanns fler fattiga i Göteborg än i andra svenska städer. Det fanns en dubbelt så stor andel fattiga i Göteborg som i Stockholm. Göteborg låg alltid i topp när det gällde fattiga och lytta. I Göteborg var dödstalen högre än födelsetalen. Barnadödligheten var fruktansvärd.

År 1750 skilde sig Göteborg från andra städer genom att det fanns fler soldater, båtsmän och handelsmän – och färre ståndspersoner och fabrikörer. Pigor, jungfrur, drängar, gesäller, hantverkare, handelsbetjänter, smugglare, bedragare och lycksökare kom från bondgårdarna i Värmland, Dalsland, Halland och Bohuslän. De kom till Göteborg och dog i dysenteri, kikhosta, scharlakansfeber eller kikhosta. Döden var alltid närvarande i det gamla Göteborg.

Men fattigdomen var inte bara större i Göteborg. Den såg också annorlunda ut. Göteborg hade sin soldatbefolkning.

Denna grupp var ett proletariat av knektar med fruar och barn som periodvis utgjorde nästan hälften av Göteborgs befolkning. Soldaterna lappade och lagade den evigt problematiska fästningen Göteborg. En god bit in på 1700-talet saknade de logement. Soldaterna hyrde in sig hos fattiga båtdrängar eller skräddare. De låg i kyla på vinden eller i röken från spisen i köket eller i en säng utan halm där det regnade in genom taket.

Deras elände kan bara anas i de bevarade dokumenten. Soldaten Barmankoth rapporterade hösten 1754 om sin inkvartering hos bryggaren Andersson. På en och en halv månad hade han »ej haft några sängkläder, ej heller halm uti sängen, för övrigt ej kunde bärga sig för regn i sängen«.

Ändå befann sig den stora soldatbefolkningen och deras lika fattiga grannar inte på botten. Nederst på botten, nästan under botten, fanns de utfattiga och utslagna, de dömda och de sinnessjuka, de alldeles hopplösa.

Linné såg inte bara den vackra staden vid sin genomresa. Han besökte också Göteborgs hospital den 13 juli 1746. Det låg vid älven på väg till Kungälv.

Hospitalet, som födde 78 olyckl. Personer, låg wid wägen bårtöfwer Salgrens sköna Såcker-bruk: Man såg här tydeligen, hwaruti en lyckelig skiljes från en olyckelig. Runkar en skruf i hjernan, stapplar strax förnuftet; lyckelig den, som lärdt tänka lika med de måste. Här sågs en Christian Utfall, hwars skruf blifwit förryckt på et olyckadt skepp. En Marit Månsdotter, som för giftermål i 12 år warit melancholisk. En Ceder-Crants, som ej kunnat tänka lika med andra, fast han i et inneslutit rum fått betänka sig uti 32 år. En Magister Winterkorn, som gerna welat hafwa bröd, men ej köttet, och altså mist bägge, hwilket han i 23 år beklagat; denne hade förgätit werlden, mer än sin Latin, hwilken han talade

44 Familjen Magnus, med
    patriarken Eduard i mitten,
    på Stora Katrinedal som-
    maren 1875. Hängande
    över räcket i nederkant står
    Adolf och till vänster ovan-
    för Eduard syns Göthilda.

*som en Tullii lärjunge. En Eric Engelbrektson, hade som en Tiger öfwer 20 år
legat naken, innesluten i en krubba på trägaller, war dock köttfull och stark;
fast han i så många år warit utan motion.*

Tillvaron för de utslagna göteborgarna kan också anas genom menyn på Göte-
borgs fattighus i november 1787: mjölkvälling, sill, gröt, sirap, ost. Ärter och fläsk
på torsdag, tobak på söndag. Den kan anas genom anteckningen om den 36-årige
Samuel Dehio som satt i länshäktet för »liderlighet« och som rymde natten till
den 20 oktober 1791 och aldrig mera syntes till. Vaga konturer av göteborgare
stiger ur lapidariska rättegångsprotokoll: stöld, inbrott, tidelag, rån, slagsmål,
brännvinsbränning.

Man läser dessa sönderbrutna vittnesbörd och undrar vad Göteborg egentli-
gen var för en stad. En konstig och desperat stad.

Soldaterna, de utländska handelsagenterna, lycksökarna, smugglarna, den
förtvivlade fattigdomen, fylleriet, det nyckfulla inflödet av utländska produkter.
Göteborg blev sammantaget en främmande värld. Jag tänker mig att skottar och
holländare har kommit att betrakta Göteborg som ett slags halvt förvildad skurk-
och soldatstad, med brokiga existenser, där man kunde se fulla knektar och ost-
indiska matroser. En liten blåsig stad, med stank och farsoter och krogslagsmål.

Ibland tänker jag mig att detta är det enklaste tolkningsrastret att lägga över
Göteborgs första 250 år: Vilda västern.

Det var förresten i december 1790 som Ebba Greta Hölander greps av amirali-
tetspatrullen. Det var i samband med ett krogbråk. Hon dömdes till döden.
Hovrätten korrigerade sedan domen till fjorton dagars fängelse.

Ibland – vissa dagar i Stadsmuseets vackra bibliotek – blir jag sittande i
funderingar på Ebba Greta Hölander som bråkade så mycket med amiralitets-
patrullen att hon dömdes till döden och sedan fick straffet sänkt till två veckor.
Hon förefaller långt mycket mer levande än John Hall eller William Chambers
eller Lars Gathenhielm. Hon är en av miljoner göteborgska bilder som fattas.
Jag undrar hur hon såg ut.

DEN FOTOGRAFISKA EPOKEN

Titta på familjen Magnus. Det finns något dynastiskt över bilden: patriarken
Eduard Magnus i centrum, på sommaregendomen Stora Katrinedal. Bilden är
alltså tagen ungefär där Ullevi ligger i dag. Det är ett fotografi av framgång och
självförtroende. Eduard Magnus var grosshandlare och bankir. Hans bank, Göte-
borgs privatbank, skulle sedermera gå under beteckningen Götabanken. Redan
omständigheten att låta ta ett grupporträttfotografi utomhus sommaren 1875
uttänjer den dåtida fotografins möjligheter. Det är en oemotståndlig bild: den
aristokratiska sommarlättheten i halmhatten, korgstolarna, den bulliga balustra-
den, klänningarnas tunga veck.

Frukost i det gröna. Mål-
ning av Anders Zorn före-
ställande skinnhandlaren
Adolf Magnus. Han hade
hunnit gråna lite i skägget
sedan fotografiet togs.

Jag har alltid tyckt att bildens egentliga centralgestalt är Adolf Magnus. Det
är han som lutar över trappräcket. Han är fjärran i blicken, men det är ingen
drömmande blick. Det är en affärsmans – i detta fall en skinnhandlares – mönst-
rande blick. Sensommaren 1886 fångades hans porträtt igen – denna gång av
den lovande 26-årige konstnären Anders Zorn. Adolf Magnus hade hunnit bli
lite gråare och glesare i skägget. Men blicken hade han kvar. När tavlan *Frukost
i det gröna* lades ut för försäljning på Bukowskis våren 2020, till ett sjusiffrigt ut-
ropspris, noterades kortfattat i objektsbeskrivningen att Zorn porträtterat Adolf
Magnus vid ett besök i Göteborg 1886.

Sjusiffriga belopp var förresten något som familjen Magnus hade erfarenhet
av redan på 1870-talet. Familjefotografiet från Stora Katrinedal är också en bild
av Göteborgs nymornade självförtroende. Det är en bild av det nya Göteborg
som tar form under andra halvan av 1800-talet. Detta epokskifte i Göteborgs
historia sammanfaller händelsevis även med ett bildernas epokskifte, det vill
säga övergången till fotografiets tidsålder.

De äldsta bevarade stadsfotografierna från Göteborg är tagna runt 1860.
I Göteborgs stadsmuseums arkiv finns en serie fotografier, daterade till senast
1863, från området kring Stora Hamnkanalen.

Eftersom fotografiets tidsålder dessutom sammanfaller med tyngdpunkten
i projektet Tidernas Göteborg finns det skäl att också kommentera bristerna
i detta ymnighetshorn av bilder. Ty det är nästan smärtsamt tydligt – åtminstone

Utsikt från domkyrkotornet cirka år 1870. Den nya stadens byggnader, för det nya samhällets behov, har brett ut sig på de forna fästningsytorna. Sahlgrenska sjukhuset och läroverket dominerar bilden. Alla berg i bakgrunden, inklusive Skansberget, är betydligt kalare än i dag.

när det gäller fotografiets första göteborgska halvsekel – vad och vilka som *inte* fotograferas. Det är ingen överraskande observation, men den måste noteras: det finns en systematisk brist på fotografier av kvinnor, på vissa minoriteter, vardag, arbete, nöd och fattigdom.

Bilden av familjen Magnus på Stora Katrinedal är en bild av vad man skulle kunna kalla Storgrosshandlar- eller Handelshusgöteborg.

Det var ett Göteborg som präglades av namn som Magnus, Dickson, Renström, Barclay, Röhss, Wijk och Waern. Långsamt, allteftersom 1800-talets andra halva framskred, blev dessa stora familjer alltmer lika en göteborgsk bördsaristokrati, möjligen med det göteborgska tillägget att de fortfarande höll ett öga på affärerna och någonstans på vägen transformerades från handelshus till industriägare.

Ingen Göteborgsfamilj drev väl denna utveckling tydligare än den skotskättade familjen Dickson. Även för en ganska historieintresserad göteborgare är Dicksönerna numera i princip omöjliga att hålla reda på. Jag har en stark känsla av att alla hette James, Oscar och Robert i olika kombinationer. Familjens färgstarka män – det saknades verkligen inte färgstarka kvinnor – hade barska raka näsor och polisonger fulla av självförtroende. De var timmerkungar. Först tog de Värmland, sedan Norrland, dalgångarna vid Ljusnan, Ljungan och Dalälven. De använde skamlösa knep i Ljusdal, Ramsjö, Färila, Baggböle, Sveg, Vemdalen, Älvros och Hede.

De var exempel på ett Göteborg som grep omkring sig hundra mil från
Göteborg. Dicksons skaffade sig kontroll över hela kedjan. De ägde skogarna,
skogshuggarna, sågverken, utskeppningshamnarna längs Norrlandskusten. De
förde med egen flotta ner timret till Majnabbe och lastade om. Därifrån seglade
de på egna kölar till London där timret togs emot av familjefirmans agenter. De
seglade hem med arrak, kaffe, socker och bomull.

I Göteborg var de, i en svåröverskådlig härva, omväxlande eller samtidigt ord-
förande i Bergslagsbanan, gatu- och vägstyrelsen, fattigvårdsstyrelsen, sundhets-
nämnden, navigationsskolan, börsdirektionen, handelsföreningen, karantäns-
kommissionen, sjöassuransföreningen, Göteborgs museum, småbarnsskolorna,
Praktiska hushållsskolan, Hushållningssällskapet, Chalmers eller Drätselkom-
missionen. Och naturligtvis var de på hugget i stadsfullmäktige och frimurarna.

De höll sig med paradvåningar, galopphästar och uniformerade betjänter.

Ja, Göteborg katapulterades mot skyarna, och den göteborgska köpmanna-
eliten tjänade fem eller tio gånger mer än den gamla ämbetsmannaeliten i
Stockholm. Och efter två eller tre generationer började alltså denna göte-
borgska elit diskret framträda som gammal aristokrati, värdig den nya stor-
staden Göteborg.

När Oscar Dickson lät sig fotograferas – bilden kan vara från andra halv-
an av 1870-talet – syntes inte trähandlaren. Det är baron Dickson prydd med
Nordstjärneorden, Italienska kronorden, Vasaordens kommendörskraschan,

Från skotskättad timmer-
handlare till aristokrat –
baron Oscar Dickson med
polisonger och medaljer.

Beatrice Dickson bedrev
välgörenhet som bara en
aristokrat kan göra.

Dannebrogsordens kommendörskraschan och frimurarordens axelband i pur-
purrött av tionde graden.

I dag lever Dicksonfamiljen i det allmänna medvetandet som dunkla namn i
stiftelser eller fastighetsbolag. Det kan vara värt att understryka att arbetstillfäl-
lena var viktigare än donationerna. Dicksönerna höll i gång klampare, däldragare
och vräkare, bräduppläggare, plankbärare och besiktningsmän. I någon mening
höll de i gång Göteborg.

Min favoritfigur i Dicksonfamiljen – i viss konkurrens med en av Jamesarna
som provpromenerade hela Bergslagsbanan (till Falun, 50 mil) för att betrakta
investeringen – är förresten Beatrice Dickson (1852–1941). Hon bedrev väl-
görenhet på ett så megalomant sätt som bara en aristokrat kan göra. Hon drog
i gång inackorderingshem, semesteranläggningar, sommarhem, skyddshem,
dagisverksamhet (»barnträdgårdar«) och scoutkårer. Hon stödde med egna
pengar samtidigt flera tusen unga kvinnor. En levnadstecknare skrev att hennes
verklighetssinne var »utpräglat mänskligt, om också knappast ekonomiskt«. Det
var bra fart i henne.

I slutet av 1800-talet lades helt naturligt den sista länken till metamorfosen:
mecenatskapet. Oscar Dickson sponsrade polarexpeditioner. Andrée, Fraenkel
och Strindberg lyfte sommaren 1897 med sin luftballong från Spetsbergen på
Oscar Dicksons pengar. Den störste konstmecenaten var grosshandlaren Pontus
Fürstenberg som utvecklade all tänkbar generositet mot Christian Eriksson,
Per Ekström och Ernst Josephson – och han stöttade städse Carl Larsson genom
att fogligt köpa målningar av den Larssonska barnaskara som föreföll aldrig
sluta växa.

Men i någon mån var det väl Pontus Fürstenbergs fru som var mecenaten, för
det var hon som hade medfört pengarna.

Larsson tackade genom att konterfeja Pontus Fürstenberg i familjegalleriet
i nuvarande Palacehuset vid Brunnsparken. Där syns hon, Göthilda, diskret i
bakgrunden, vithårig, i profil.

Det tog en stund innan jag kände igen henne: Göthilda Magnus på fotografiet
från Stora Katrinedal (se sidan 44). Det är hon som syns snett till höger över
pappa Eduard. Hon är 37 år denna sommar år 1875. Hon bär en liten pillerburks-
hatt uppskjuten på hjässan och en klänning med ett mönster som ser ut att bestå
av glesa mörka romber.

Jag tycker om att föreställa mig att tjänstefolket serverade lemonad och att Adolf
tände en cigarr. Prasslet i löven. Det skira klirrandet av porslin och silverbrickor.

I dag finns varken Stora Katrinedal eller Götabanken kvar. Och jag vet inte
vart Zorns målning av Adolf tog vägen. Men Göthildas konstsamling finns ju
på Göteborgs konstmuseum. I 2000-talets Göteborg är hon den enda från den
underbara sommardagen 1875 som dröjt sig kvar.

48 Fürstenbergska galleriet,
enligt Carl Larsson. Pontus
Fürstenberg vid skrivbor-
det i förgrunden. Göthilda
Magnus sitter porträtt i
bakgrunden.

50   Aron Jonasons fotografi
      av »Kopparmärras«, Karl
      IX:s ryttarstatys, avtäck-
      ning år 1904. Åskådare
      sitter på telefongalgarna
      vid Pellerinsskylten. Kung
      Oskar II var på plats, iförd
      amiralsuniform. Han var
      mycket nöjd med statyn,
      som hade skapats av John
      Börjesson.

STADEN SOM VÄXTE

År 1860 hade Göteborg ungefär 37 000 invånare. År 1920 var det ungefär 202 000.
Nästan allt i Göteborgs historia under den fotografiska epokens sisådär första
60 år – en god bit in på 1920-talet – kan knytas till detta obevekliga faktum:
Göteborg växte. Staden växte inte bara snabbare än tidigare, den växte också
på ett nytt sätt. I början av 1800-talet hade Göteborg vuxit för att unga ogifta
landsbygdsbor flyttade hit. Efter 1885 växte Göteborg genom födelseöverskott.
Gatorna blev fulla av barn som inte fick plats i de trånga lägenheterna. Vid sekel-
skiftet 1900 var över hälften av göteborgarna under 30 år gamla.

Förstäderna införlivades: Majorna 1868, Lundby 1906, Örgryte 1922. Nya stads-
delar stakades ut. Göteborg sprängde fram genom terrängen. När Stora Teatern
stod klar 1859 ansågs det fortfarande lite läskigt för teaterbesökarna att gå på
teater så långt utanför stan. Ett par år senare klagade Viktor Rydberg över att
han eventuellt måste hälsa på hos Karl Warburg som bodde i en »vild fjälltrakt«,
det vill säga på Engelbrektsgatan.

Spårvagnar vidgade Göteborg. Göteborgarna blev ett folk av spårvagnsrese-
närer. I slutet av 1890-talet gjordes 3,5 miljoner resor per år med hästspårvagn.
(År 1920 var det 57 miljoner resor, med elektrisk spårvagn.)

Landshövdingehusen – ett fiffigt sätt att i praktiken bygga trevåningshus i
trä genom att höja stenfoten till en bottenvåning – började byggas i Annedal
år 1876. (2 500 landshövdingehus kom att byggas fram till 1947.)

Grosshandlarna började ta tåget till Stockholm redan på 1860-talet.

År 1881 fick International Bell Telephon Co koncession på telefon i Göteborg. I ansökan skrevs: »Så till exempel kan varje affärsman från sitt kontor giva muntliga ordres till sin långt därifrån belägna fabrik.«

Telefontrådarna drogs i en fin tät väv mellan husen. De satt på en ställning som hade ett självklart namn för alla göteborgare: *telefongalge*. På Aron Jonasons bild av Kopparmärras avtäckning år 1904 – Göteborgs kanske mest kända reportagebild – har åskådarna klättrat upp i telefongalgarna vid Pellerinskylten.

I Göteborgs stadsmuseums arkiv finns en illustration från inledningen av detta expansiva halvsekel – litografin *1870-talets Göteborg – storstad i vardande*.

Det är höga kajer och breda ångfartyg med stöddiga svarta skorstenar. Det intressanta är att bilden i någon mån är falsk. Bara en fjärdedel av det göteborgska tonnaget var ångdrivet i mitten av 1870-talet. Och det var först efter den stora hamnplanen år 1878 som allt muddrades upp till sex meters djup. Den flacka älven med den deltalika gyttjigheten blev smalare och djupare. Först vid sekelskiftet växte kranskogen på den nya stadens kajer: Masthuggskajen, Gasverkskajen, Stigbergskajen.

Bilden från 1870-talet var alltså *ännu* inte riktigt sann. Men vem är jag att invända mot illustratörer som förmått att snegla bortom horisonten?

På denna nymuddrade älv syntes snart en ny göteborgsk elit: redarfamiljerna. Världshandeln hade öppnats på allvar, med England som motor. Göteborg var Sveriges ledande handelsstad, där compoundångmaskinen gjorde det billigare att skeppa timmer, malm, spannmål, tobak, te, kaffe, råsocker, sill, salt, bomull och stenkol. Kaffe och socker kom från Brasilien och Kuba. Bomull och tobak från New Orleans. Järnfartygen passerade träfartygens tonnage på 1880-talet.

En 27-åring från Kristinehamn – Axel Broström – hade år 1865 köpt en galeas vid namn *Mathilda*. Han kom till Pustervik och såg slug ut i sitt täta skägg. Han köpte begagnade engelska ångbåtar och körde järnmalm från Oxelösund och Luleå.

Samtidigt började Wilhelm Lundgren gå till Sydafrika med *Kratos*, med last av tändstickor och fotogen och pappersmassa. Men det var krångligare att få last med sig hem, för någon suckade att Sydafrika exporterade enbart två saker: guld och strutsfjädrar. Och det ena var för dyrt och det andra var för dumt. Men snart var både Broström och Lundgren storredare.

Det är föga troligt att Wilhelm Lundgren i sina vita, uppskruvade mustascher hade någon aning om att det på hans ångfartyg *Australic* år 1908 fanns en artonårig kollämpare vid namn Evert Taube som sedermera skrev:

Befälet var ju ovant att gå beyond the seas …

Men samtidigt (för det finns alltid ett samtidigt) smyger sig – för den som intresserar sig för Göteborgs bildhistoria – en bekant och kuslig omständighet på.

52

Göteborg i början av
1870-talet. Litografi av
A Nay efter en målning av
O A Mankell. Litografin är
en skicklig rekonstruktion
av Göteborg från ovan. De
tidigaste svenska fotografi-
erna från ballong togs först
på 1890-talet. På Packhus-
kajen syns Amerikaemig-
ranter som väntar på att få
kliva ombord på ångbåten
till England. Järnvägsstatio-
nen – det som sedermera
skulle bli Centralstationen
– syns i bildens vänstra
kant. Bortom den vidtar i
princip landsbygd.

54 En folktom korridor i
fattighuset på Drottning-
torget. Byggnaden kallades
också Bracka – ett namn
som följt med sedan de
tidigare barackerna på
Smedjegatan. Bilden togs
1916 av Fritz Bruce.

Göteborg hade blivit en storstad, men segregationen var fortfarande lika stor, trångboddheten lika katastrofal, fattigdomen lika skriande. Köpmannaaristokratins alla filantropiska ansträngningar – säkerligen ofta uppriktigt menade – förmådde inte rubba det obevekliga faktum att majoriteten av göteborgarna fortfarande var fattiga. Och detta Göteborg är nästan lika sällan avbildat som fattigmajoriteten på 1600- och 1700-talet. De fotografier som trots allt finns förmedlar ofta en besvärande bild av att liksom vilja undvika ämnet.

Fattigförsörjningsanstalten på Drottningtorget byggdes på 1850-talet. Där packade man ihop över 1 000 fattighjon – psykiskt sjuka, barn och åldringar. Det var kaos och byggnaden var ständigt på väg att rasa ihop. Fotografiet visar en tom korridor, det var inte tal om att någon av dessa göteborgare som tvingades bo i helvetet på Drottningtorget skulle vara med på bild.

Och var finns bilderna av de göteborgska familjer som var så fattiga att de inte kunde skicka barnen till skola eftersom barnen inte hade några kläder? Inga kläder alls. Nåväl, det finns åtminstone bilder på själva nödbostäderna.

Över 10 000 göteborgare runt sekelskiftet 1900 – 7–8 procent av stadens totala befolkning – var så fattiga att de behövde understöd.

Men det finns ju fotografier på spårvagnar, ångbåtar, grosshandlare, demonstrationståg, mattpiskning, cyklar, skolflickor, koloniträdgårdar, varietéflickor, experimentbilar, murarare, stinsar, skyltfönster, fotbollsspelare, spjutkastare korvgubbar och rösträttskämpen Frigga Carlberg.

Det svåra är inte att finna bilder, utan att manövrera bland dem.

Och då har jag knappt sagt ett ord om Amerikaemigrationen, om Barclay, Wijk, Waern, Svenska Amerika-Mexico-linjen eller om Wilhelm Röhss sockerbruk och spinnerier eller Bergslagsbanan som kanske är det största privata infrastrukturprojektet i Sveriges historia. Eller att hemmafruarna började köpa smör, vetemjöl, Pellerins margarin och färdigsydda kappor från Wettergrens kappfabrik i Stigbergsliden. Eller om Beda Hallberg och Majblomman. Eller att J A Pripp hade börjat brygga bayerskt öl med ångmaskin vid Stampen, att medellivslängden ännu på 1890-talet var ungefär 40 år, att bryggerierna skänkte Folkets hus bryggeriaktier eftersom arbetarrörelsen och nykterhetsrörelsen var ett slags konkurrenter. Eller om Carnegies sockerbruk i Klippan som under nästan hela 1800-talet var det största företaget i Göteborg. Eller att den gamla köpmannaaristokratin långsamt förlorade den politiska makten till Socialdemokraterna.

Och som den uppmärksamme läsaren kan notera har jag nästan helt lämnat industrihistorien därhän. Skälet är att bilden av Göteborgs industri – både bokstavligen och så att säga i det allmänna medvetandet – verkar ha blivit så missvisande att det nästan är komiskt. Något har kommit bort.

Men för detta ändamål måste vi vända ner i Göteborgs äldre historia en sista gång – närmare bestämt till år 1754 och Peter Bagges spanska får.

Göteborgska barfotabarn på Liseberg år 1924. Ännu vid 1900-talets början behövde 7–8 procent av göteborgarna understöd.

55

REVOLUTIONEN OCH FLICKORNA

I juni 1754 ankom skeppet *Lovisa* till Göteborg med 43 baggar och 55 tackor. Det var handlaren Peter Bagges spanska får.

Jag tycker om att betrakta Peter Bagges 98 spanska får som den göteborgska industrihistoriens anekdotiska startpunkt. Om någon vill avkräva mig ett mer allvarligt syftande svar skulle jag placera denna startpunkt i Mölndal ungefär år 1830.

Men jag gillar alltså Peter Bagges spanska får. Jag gillar den svenska statens beskäftiga iver att tillverka inhemskt ylle av bästa kvalitet. Det göteborgska 1700-talet var fullt av en- eller tvåmansverkstäder som kavat kallades fabriker. Det var vantmakerier, tobaksspinnerier, segeldukstillverkning eller silkesplyms-bindning. År 1772 fanns det 42 sådana fabriker i Göteborg.

Allteftersom 1700-talet gled över i 1800-tal uppstod ylleväverier, spinnerier, färgerier, snörmakerier, bandfabriker och trikåfabriker. Så småningom var det dags för riktiga fabriker. Då behövdes vattenfall. De fanns i Mölndal.

Vid bomullsspinnerierna Mariedal och Rosendahl fanns det år 1830 totalt 183 fabriksarbetare.

Av dessa 183 arbetare hade 136 inte fyllt femton år.

Det är ett bistert faktum. Men utan barnarbetarna blir den göteborgska industrihistorien alldeles ofullständig.

56 Alexander Keiller, porträtt-terad av Per Södermark år 1858. En väldigt allvarlig man med den för tiden moderiktiga handen i västen. I bakgrunden syns den mekaniska verkstaden på Skeppsbron.

År 1826 kom förresten en urkraft till Göteborg. Han var 22 år gammal. Han var född i Dundee i Skottland. Han var processlysten, temperamentsfull och genial. I Göteborg skulle han tillverka segelduk. Han tycks ha lidit av vad man i dag skulle ha kallat ett *anger management problem*. Jag har aldrig sett någon bild av honom där han ler. Han hette Alexander Keiller. Han var en briljant ingenjör, våghalsig affärsman och hängiven laxfiskare. På 1830-talet flyttade han och svågern William Gibson segeldukstillverkningen till forsarna i Jonsered. Efter några år blev Keiller osams med Gibson och köptes ut för 153 084 riksdaler (plus rätten till laxfiske i forsarna) och drog i gång en mekanisk verkstad vid Skeppsbron i Göteborg. År 1846 tillverkade han en ångmaskin på 80 hästkrafter till ett nytt bomulls-spinneri vid Rosenlundskanalen.

Bomullsspinneriet var en 90 meter lång byggnad, med engelska spinnmästare, rök och buller. Därmed hade den industriella revolutionen på allvar kommit till Göteborgs stadskärna. Spinneriet i Rosenlund hade 300 arbetare. Många av dem var kvinnor och barn.

Varje morgon kunde göteborgarna se hur den nya tiden hade kommit till Göteborg, när kvinnorna och barnen gick in i fabriken.

* * *

Alexander Keiller själv klev väl en motsvarande morgon in i sin rörigt expande-
rande verkstad på Skeppsbron. För samtidens göteborgare måste hans fram-
toning ha varit diabolisk. På ett bevarat foto från Skeppsbron – troligen taget
några år efter Keillers död 1867 – syns älvens matta spegel, några järnvägsvagnar
på Packhusplatsen, en skuta med sprisegel vid bryggan, byggnadernas vassa
skuggor. Och vid Skeppsbron ett oformligt rökmoln: ingenjör Keillers verkstad.

Hans verkstad utvecklades långt senare – flera decennier efter hans död – till
Götaverken, och eftersom Götaverken i mitten av 1900-talet var ett av världens
största skeppsvarv har denna väldiga slagskugga i efterskott förvandlat Keiller
till ett slags fadersfigur för den göteborgska varvsindustrin.

Varvsindustrin, ja. Den får ofta enormt mycket plats när Göteborgs industrihis-
toria tecknas. Berättelserna om skeppsvarven är inte osanna, men tyngdpunkten
på varvsindustrin i Göteborgs historia blir olycklig eftersom det göteborgska
1800-talets industrier inte präglades av varven, utan av bomullsspinnerier och
väverier. Under hela perioden 1850–1890 – och lite till – var textilindustrin mycket
större än metall-, trä- och pappersindustrin i Göteborg. Verkstadsindustrin
utvecklades i själva verket långsammare i Göteborg än i andra svenska städer.
Göteborg hade egentligen inga anor som varvstad. I Göteborg gjordes affärerna.
Kölarna sträcktes i Stockholm eller utomlands. Lindholmen – det första speci-
aliserade storvarvet – byggde på 1880-talet oljetankfartyg som Ludvig Nobel
dirigerade över Kaspiska havet. Sedan gjorde Lindholmen konkurs. Eriksberg

Packhusplatsen en still-
sam dag på 1880-talet.
En spriseglad skuta är på
väg ut ur hamnen och på
bangården står väntande
tågvagnar med ny last.
I övre vänstra hörnet syns
röken från ingenjör Keillers
verkstad.

57

Ett arbetslag på Eriksbergs mekaniska verkstad håller stolt upp sina produkter. Det var många mustasch-prydda män – barnarbetare skildrades sällan på bild. Fotografi från 1870-talet.

gjorde överhuvudtaget inget väsen av sig. Och Götaverken – det vill säga Keillers verkstad – var alltså under 1800-talet knappt ett skeppsvarv.

Sanningen var att den kantige och begåvade superingenjören Keillers meka-niska verkstad på Skeppsbron – efter hand med sonen David Keiller som vd – tillverkade i princip *allt* av metall. Det var möjligt att beställa en komplett fabrik för bomullshantering eller ett våffeljärn. Däremellan fanns hela registret av turbiner, ångpannor, sorteringscylindrar för pappersbruk, cisterner, kranar, trans-missioner, hissar, järnbroar, kyrkklockor, trädgårdsmöbler, stekgrytor, spottlådor och paraplyställ. Så sent som 1907, då företaget trots allt var på god väg att bli ett renodlat skeppsvarv, meddelades lugnande att man utöver järnfartyg fort-farande tillverkade spårvagnar, landsvägsbroar, boggivagnar och »järnsängar av prima kvalité«.

Detta kan vara värt att notera när man ibland hör göteborgare beskärma sig över att de stora skeppsvarven är borta: det finns rikliga spår av Götaverken och Lindholmen i Göteborg i form av trappräcken, trapphuspelare och gamla järnmanglar. Alla göteborgare som i väntan på Paddan har lutat sig mot någon av Kungsportsbrons stöddiga lyktstolpar, tillverkade på Keillers verkstad, har haft bokstavlig närkontakt med detta industriella arv. I början av 1900-talet hade den

mekaniska verkstaden på Skeppsbron slutligen transformerats till skeppsvarvet Götaverken på Hisingen. Och först i slutet av 1910-talet var metall- och verkstadsindustrin – skeppsvarven, SKF – den självklara hjärtpunkten i det göteborgska näringslivet.

Men oavsett vilken göteborgsk industrihistoria som berättas står Alexander Keiller i centrum. Denne krånglige och argsinte man är den punkt kring vilken den göteborgska industrihistorien förtätas och utstrålar: bomullen, ångmaskinerna, motorerna, fartygen – och barnarbetarna.

Barnen var behändig och billig arbetskraft. Barnen kunde klättra mellan transmissionsremmarna och plocka bomullstussar utan att fastna.

Barnen – och kvinnorna – har haft en häpnadsväckande benägenhet att inte fastna på bild när fabrikerna skulle fotograferas. Det typiska göteborgska fabriksfotot från 1800-talet – till exempel Eriksbergs verkstad på 1870-talet – har hög mustaschfrekvens. Bilden från Rosenlunds bomullsspinneri förmedlar snarast ett intryck av att det finns något att dölja.

Det är lite synd. För det var ju textilindustrin som satte i gång allting. Det var Peter Bagges 98 spanska får som ledde till yllefabriker, som ledde till bomullsspinnerier, som ledde till väverier. Och när vävstolarna började sätta sig i Göte-

Spinnsalen, med bomullstussar på golvet, i Rosenlunds fabriker. Fotografiet togs år 1900 av Aron Jonason.

borgsleran så att drivaxlarna halkade snett ställde sig en ingenjör på en sådan väverifabrik att fundera. Han hette Sven Wingquist och jobbade på Gamlestadens fabriker och uppfann på påskdagen år 1907 – det vill säga 153 år efter Peter Bagges spanska fårs ankomst – det självreglerande dubbelradiga kullagret. Och väveridirektörerna startade SKF för att tillverka dessa utmärkta kullager. Till SKF värvades en före detta ägghandlare från Skaraborg vid namn Assar Gabrielsson som tänkte att det borde gå att bygga bilar med kullagren, och på midsommarafton 1924 råkade han få syn på den bufflige ingenjör Gustaf Larson på Urbans kafé i Stockholm. De bestämde i hast över kaffet att de skulle starta Volvo, varefter Larson for till sommarstugan i Trosa.

Så ingen vet väl riktigt var historien om Peter Bagges spanska får ska sluta. Den pågår än. Men jag tycker alltså att något som vi i brist på en bättre beteckning kan kalla *symbolbilden* av den göteborgska industrihistorien bör korrigeras.

Det var textilindustrin som drev den göteborgska industriella revolutionen. Det var kvinnornas och barnens fabriker. Den typiska bilden av Göteborgs industrihistoria bör inte vara en sotig skäggig trettioårig man.

Det bör vara en trettonårig flicka.

DEN PÅGÅENDE HISTORIEN

Det är naturligtvis svårt att följa Göteborgs historia in i nutiden. Siktdjupet blir för kort. Men några ord på vägen.

År 1923 var det dags för göteborgarna att summera de första 300 åren i en magnifik jubileumsutställning. Göteborgs 300-årsdag inföll visserligen år 1921, men stadens fäder hade så mycket att berätta att festligheterna uppsköts två år. Utställningen blev en succé trots att det regnade hela sommaren. Med historiens facit sammanfaller firandet på ett nästan rörande vis med exakt det ögonblick då Göteborg var som *mest* Göteborg, det vill säga när de slitstarkaste schablonerna i göteborgarnas självbild var mest sanna. Eller om vi ska säga: som minst osanna.

Det var ett Göteborg som sjöd av självförtroende, en stad som hade de bästa fotbollslagen och de största skeppsvarven.

Men nu är det 2020-tal och jag vet knappt vad Göteborg har blivit för stad. Efter andra världskriget försköts industristaden långsamt mot bakgrunden. Blev Göteborg därmed en postindustriell stad? En tjänstestad? En evenemangsstad? En del etiketter är beskäftiga eller har drag av besvärjelse.

En mångkulturstad? Men Göteborg har alltid varit en mångkulturstad.

En segregerad stad? Men Göteborg har alltid varit en segregerad stad.

Materialet är för stort, synteserna för många. Resten av berättelsen får du, läsaren, själv bygga av bilderna.

Även i andra riktningen – bakåt i tiden – är siktdjupet på väg att bli dåligt. Göteborg är så i grunden förändrat att vi är på väg att tappa historien.

60 Torghandel med häst och vagn på Kungstorget. Fotografiet togs på 1880-talet, några år innan Stora Saluhallen kom att byggas.

När vi ser en bild från Volvo Torslandaverken ser vi inte Peter Bagges spanska får. När vi ser en bild från Hammarkullekarnevalen ser vi inte Göteborgs 400-åriga historia som internationell blandstad. När vi ser en bild från de fattiga kvarteren på Ekelundsgatan ser vi inte 1640-talets luggslitna kåkbebyggelse på Otterhällans branter.

När vi ser en bild av Kungstorget på 1880-talet ser vi inte att det är en lätt förskjutning av 1600-talets Larsmässemarknad, som på 2020-talet har fortsatt att förskjutas till hälsokostbodar.

Titta på bilden av redarkungen Dan Broström vid rodret. Den togs den 17 juli år 1921. Men är det verkligen en redarkung på bilden? När bilden togs var det broströmska familjerederiet Tirfing blott Göteborgs fjärde största rederi – Transatlantic och Svenska Lloyd hade många fler fartyg.. Men i förhållande till vad som *ännu inte hade hänt* – att Tirfing efter en försiktig övervintring under första världskriget stod i begrepp att överflygla konkurrenterna – är bilden sann. Med eftervärldens facit har bilden på redarkungen blivit sann. Bilden har åldrats sann.

Varje bild måste alltså betraktas genom både dåtidens och nutidens prisma. Det skapar en lätt yrselkänsla av att skjuta mot ett rörligt mål. Men man får göra så gott man kan.

Projektet Tidernas Göteborg har när detta skrivs pågått i drygt fyra år. Arbetet inleddes i februari 2016. Det är antagligen den största bildinventeringen i Göteborgs historia. Det är inte på långa vägar klart. Göteborgs 400-årsjubileum är bara kulmen. Många av oss som arbetar med detta projekt kommer att fortsätta långt efter att jubileumsfirandet är över.

Jag kommer att tillbringa många fler förmiddagar i Stadsmuseets vackra bibliotek, där det regnar så skimrande mot fönstret. Och inte vet jag vad bilderna kommer att föreställa. Om det är Amerikabåtar eller fotbollsspelare eller diken i Örgryte eller barn hos skolläkaren en vårdag år 1919. Men jag vet att jag emellanåt kommer att fundera på bilderna som *inte* finns och det där krogbråket år 1790. Och då kommer jag att ertappa mig själv med att åter titta ut genom fönstret och tänka på Ebba Greta Hölander.

Dan Broström ledde Broströmskoncernens expansion fram till sin död i en bilolycka år 1925. Under första världskriget hade han varit sjöminister och dessförinnan liberal riksdagsledamot. Fotografiet, taget den 17 juli 1921 i samband med avslutningen av den stora regattaveckan utanför Göteborg, ansluter sig till familjens Broströms kungliga framtoning: de perfekta vita byxorna med pressveck, fartygets trygga blanklackerade elegans – och uniformerad personal redo att ta över rodret.

1800-TAL

FOTOGRAFIETS genombrott sammanfaller med att Göteborg blir en storstad. Det nya mediet utvecklas snabbt – från studiobilder, där modellen måste sitta blickstilla med glasartad blick, till reportage och fångade ögonblick. I slutet av 1800-talet är fotografiet inte längre en angelägenhet enbart för de förmögna. Den göteborgska vardagen börjar fastna på bild.

↖ Föregående uppslag: Göteborg blev egentligen ingen utpräglad skeppsbyggarstad förrän i slutet av 1800-talet. Varvet vid Stigberget var ett undantag. Här byggdes galärer redan på 1600-talet och anläggningens namn har skiftat – Amiralitetsvarvet, Timmermansvarvet, Nya varvet. När fotografiet togs – troligen på 1880-talet – hade segelfartygen på allvar börjat känna av konkurrensen från ångan. Det sista segelfartyget, Sigyn, byggdes på Gamla varvet år 1887. I bildens nedre vänstra hörn syns varvschefen G D Kennedy, iförd ljus rundkullig hatt. Flera plagg, bland annat Kennedys byxor, ser ut att vara alltför ljusa för att vara praktiska i en verkstadsmiljö. I verkligheten kan de ha varit blå. Den ortokromatiska film som var vanlig under decennierna runt sekelskiftet hade svårt att fånga blå kulörer.

↑ John Norrie med familj, troligen sommaren 1846. Denna dagerrotyp är det äldsta bevarade göteborgska fotografiet. Fotografen Olof Rydeberg annonserade i *Göteborgs Handels- och Sjöfarts-Tidning*:

Undertecknad, som alla dagar träffas hemma, porträtterar med Daguerreotyp. Hr Bokhand. Gumpert skall säkerligen hafva godheten upplysa efterfrågande om mitt arbetes beskaffenhet. Götheborg d. 15 juli 1846. Olof Rydeberg.

Dagerrotypisten Rydeberg tycks ha varit en rastlös man. Han byggde även eldstäder och jobbade som journalist och fotograf. Han var ingen särskilt framstående fotograf och han var inte heller den förste dagerrotypist som varit i verksam i Göteborg. Men slumpen har gjort att just denna ruta på en skotsk immigrant och hans familj har råkat bli det äldsta bevarade göteborgska fotografiet.

↑ Stora Hamnkanalen med ett vimmel av vedskutor år 1863. Detta är troligen det enda bevarade fotografi som visar den gamla Lejonbron vid Brunnsparken. Denna stenbro med tre valv byggdes 1735 och syns bland annat på Elias Martins teckningar från slutet av 1700-talet. År 1864 revs den och ersattes av en järnbro som bättre svarade mot den nya tidens krav. Bilden är tagen av Vogel och Dienstbachs ateljé. Gustaf Vogel och Martin Dienstbach kom till Göteborg från Berlin i maj 1861 och öppnade fotoateljé i »Nya Alléen«. Den 18 maj 1861 annonserade de i *Göteborgs Handels- och Sjöfarts-Tidning*:

Avertissement. Undertecknade, från Berlin, ha härmed äran avertera resp. publiken, att vi efter vår ankomst till Göteborg öppnat en Photografisk Atelier, der vi hoppas kunna fullkomligen motsvara ärade kunders billiga ford-

ringar, med noggrann kännedom af vår konst och försedda med de erkändt bästa apparater, hysa vi det hopp att kunna tillfredsställa alla den nyare tidens fordringar i fotografiskt hänseende ...

Ateljéfoto – det vill säga porträtt – var naturligtvis Vogel och Dienstbachs huvudsakliga verksamhet. Men det är deras många fotografier av göteborgska stadsmiljöer som ter sig intressantast för eftervärlden. Ofta är bilderna tagna tidigt på morgonen för att undvika rörelseoskärpan från människor. Denna förevigade morgon syns dock några suddiga gestalter på Södra Hamngatan – bland annat en eventuell trio nära hörnet mot Västra Hamngatan.

70

P. M. Lundstedts Fotografiska Institut.

← Här stirrar 23 barnmorskeelever stint in i kameran. Bilden är sannolikt tagen i juni 1865 då klassen examinerades från barnmorskeutbildningen på Sahlgrenska sjukhuset, i västra flygeln, på tredje våningen – det vill säga i lokalerna för nuvarande Pedagogen. Fotografiet är framställt av P. M. Lindsteds Fotografiska Institut, med ateljé på Södra Hamngatan 51. Det är troligen dit de 23 kvinnorna har gått för att låta sig fotograferas efter den nio månader långa utbildningen.

Endast en av kvinnorna är från Göteborg. Den yngsta – Anna Greta från Ucklum – är 21 år gammal. Den äldsta – Charlotta från Ramnäs – ska snart fylla 32 år. De flesta kommer från enkla förhållanden. De har beteckningar som »ogift torparedotter«, »ogift bonddotter« eller »gift med statkarl«. Barnmorskeyrket hade fortfarande låg status, men utbildningar av den typ som bedrevs på Sahlgrenska sjukhuset bidrog naturligtvis till att på sikt öka statusen. Bilden sammanfaller tidsmässigt med emigrationstiden – fyra av eleverna skulle sedermera flytta till Nordamerika.

Samtliga barnmorskeelevers namn finns förtecknade – men det framgår inte vem som är vem. I flera fall har forskare på Landsarkivet klarlagt identiteten genom korsläsning av källor. Det står exempelvis klart att den fjärde kvinnan från höger i mittenraden är Ingar Gren från Skåne. Hon avled i barnsängsfeber vid 33 års ålder år 1877.

← Museiintendent August Wilhelm Malm cirka 1880. För eftervärlden är Malm huvudsakligen hågkommen för Malm-ska valen – den drygt sexton meter långa blåval som numera finns på Naturhistoriska museet i Slottsskogen. Men hans färgstarka och emellanåt bisarra personlighet var under hans tre decennier som göteborgsk museiman ständigt synlig i olika projekt. Tilltaget att låta stoppa upp en blåval och skicka den på turné till Stockholm och Berlin kan rent-av betraktas som rätt typiskt för Malm. Det var inte blott i skägget som yvigheten manifesterades.

Han var en kändis i Göteborg. Han kunde ha med sig en trettiondel av stadens befolkning på sina expeditioner för att plantera skog i Bjurslätt. Lite i marginalen av detta kan man konstatera att han i sin iver att klassificera, mäta och ordna – han var en systematiker med skenande fantasi – faktiskt svarade för några bestående vetenskapliga upptäckter. Han artbeskrev verkligen fiskar och diverse kräftor och blötdjur,

och han löste den gamla gåtan om »flundreögats vandring«. Hans stora kärlek var ändå den blåval som han ställde upp i sitt museum och försökte matcha som en nyupptäckt art – *Balaenoptera Carolinae. Carolinae* efter hustrun Caroline Malm. Det är en exklusiv komplimang.

↑ Malmska valen ligger på Lindholmens slip i väntan på konservering och montering hösten 1865. En av personerna på kajen torde vara August Wilhelm Malm själv. Fotografiet kommer från den illustrerade monografi som Malm själv lät trycka i cirka 50 exemplar. Boken *Monographie Illustrée du Baleinoptère trouvé le 29 Octobre 1865 sur la Côte Occidentale de Suède* har internationell status som en av de tidigaste högkvalitativa fotoböckerna. När något exemplar numera dyker upp på marknaden betingar det fantasipriser. Enligt en svårkontrollerad legend finns det några privatexemplar i Göteborg.

74

↑ Fotografiet uppges enligt Göteborgs stadsmuseums arkivnoteringar föreställa ångslupen *Tärnan* med Theodor Wilhelm Tranchell ombord. Tidpunkten är andra halvan av 1860-talet. Fotograf är Aron Jonason. Platsen ser ut att vara Vallgraven med Stora Nygatan i bakgrunden. De närmare omständigheterna kring det evenemang som förevigas på bilden är dock dunkla. Det är svårt att föreställa sig att det handlar om provkörning. *Tärnan* – en liten klinkbyggd ångslup på två hästkrafter – hade byggts redan 1855 på Lind-holmens varv, under Tranchells ledning, efter konstruktion av ingenjören Smith.

Tranchell, som varit i England och köpt moderna maskiner, kan sägas ha varit skaparen av Lindolmen som järn- och ångfartygsvarv. I slutet av 1860-talet var dock Tranchell ute ur bilden. Den lilla *Tärnan* gick i trafik på Göta älv. Det är alltså lite oklart varför bilden togs. Kanske handlar det helt enkelt om åtta glada herrar som ska äta och dricka frukost.

75

↑ Göteborgs järnvägsstation. Loket har kört genom banhallen och kommer ut på den sida av byggnaden som i dag vetter mot passagen till Nordstan. Bilden, som finns i Järnvägsmuseets arkiv, har traditionellt daterats till 1858, det vill säga samma år som järnvägsstationen invigdes. Dateringen får emellertid betecknas som tveksam. Inga liknande bilder från 1850-talets Göteborg finns bevarade. Om dateringen 1858 är korrekt vore detta Göteborgs äldsta stadsfotografi, och männen på bilden – stående på loket respektive i vita skjortärmar intill spåren – är i så fall de första göteborgare som fotograferats i stadsmiljön.

↘ Nästa uppslag: Hagakyrkan till vänster och Sahlgrenska sjukhuset (nuvarande Pedagogen) till höger gör detta fotografi från cirka 1870 lätt att orientera sig i för en 2000-tals-göteborgare. Annars ger bilden ett nästan osvenskt intryck: ett slingrande flodlandskap med ljusa sandgångar längs stranden. Bebyggelsen har knappt börjat klättra upp på bergen mot Masthugget.

↑ Östra Hamngatan med kanal år 1873. När bilden togs hade Gumperts bokhandel legat i hörnhuset mellan Södra Hamngatan och Östra Hamngatan i ungefär två år. Den skulle komma att finnas på samma plats i ytterligare ett drygt sekel. Många göteborgare refererar ännu på 2020-talet självklart till platsen som »Gumperts hörne«. Gumperts åtnjöt mycket tidigt ryktet att vara framåt när det gäller marknadsföring och pigga försäljningsknep. Kanske låg det något i det. En slumpartad titt i Göteborgstidningarna för 1873 – året då bilden togs – visar till exempel hur Gumperts förmedlade biljetter till konserter och samtidigt sålde text-häften innehållande »orden till ej mindre än 42 sånger, till det billiga priset af 15 öre«. Kanalen mellan Stora Hamn-kanalen och Kungsportsplatsen fylldes igen år 1899.

79

↑ Västra Hamngatan cirka 1863. Kallebäckskällans tapp-
ställe vid domkyrkan står längre ut i gatan än på 2000-talet.
Kanalsträckan mellan Grönsakstorget och Södra Hamnga-
tan ser trevlig ut på bild, men för dåtidens göteborgare var
stanken ett problem. Kanalen fylldes igen 1903–1905. Bilden
togs av Hugo Höffert, som ursprungligen var från Hannover
och kom till Göteborg första gången i oktober 1858. Först
tycks han ha arbetat med retusch och färgläggning. I början
av 1860-talet började han kalla sig fotograf.

← Fotografi från Skansen Kronan, troligen taget en tidig
och sval morgon. Året år 1864. Hagas trähusbebyggelse ser
fortfarande kaotisk ut. Det skulle dröja ett drygt decennium
innan landshövdingehusen började byggas. Vallraseringen
är i praktiken helt genomförd, och där de gamla murarna och
vallarna stått reser sig istället byggnader som svarar mot den
nya tidens behov: latinläroverket och Sahlgrenska sjukhuset.
Göteborgsförfattaren Kjell Hjern, som kommenterade
denna bild i boken *Ett svunnet Göteborg* (1964), gjorde en
intressant observation: delar av vallgravskanalen saknar
fortfarande stenskoning.

↑ Den här bilden kan förvirra även vana Göteborgskännare.
Den är tagen från Skansen Kronan i början av 1860-talet, men
bilden saknar nästan helt orienteringspunkter för en nutida
göteborgare. I Haga ligger kaponjärens vattengrav fortfarande
öppen. Till vänster i bild syns Rosenlunds spinneriers höga
skorsten. Rosenlunds spinnerier var den första större fabriken
inom Göteborgs egentliga gränser. Tidigare industrier hade
ofta krävt vattenkraft och därför anlagts i närheten av vatten-
fall i exempelvis Mölndal och Jonsered.

↑ Billdals herrgård, fotograferad av Axel Lindahl år 1872. Lindahl var en ofta anlitad byggnadsfotograf – han tycks ha haft förmågan att hitta de vinklar som fick husen att se storslagna ut. Egendomen – den stora villan och parken – är i grunden en skapelse av träpatronen James Robertson Dickson, en man som hade rykte om sig att vara synnerligen hårdför i timmeraffärer. Den magnifika villan var planerad som sommarställe. Det var en del av en större trend. Aristokraterna – eller de som ville framstå som aristokrater – började dra sig ut mot kusten på somrarna. På 1900-talet ägdes villan av en annan göteborgsk näringslivsprofil: direktören Gustaf Werner.

↗ Fru Hanne Mannheimer sitter för fotografen tillsammans med sina tre barn år 1865. Bildens komposition måste betraktas som en bragd inte blott av fotografen utan även av mamma Hanne och eventuella tjänsteandar i bakgrunden, ty porträttfoto krävde ännu i mitten av 1860-talet att den porträtterade höll sig fullständigt stilla. Pojken i mitten, den femårige Otto, blev sedermera liberal politiker och riksdagsman. Den på bilden frånvarande fadern, Theodor Mannheimer, var jämte A O Wallenberg en av dem som lade grunden för ett modernt svenskt bankväsen.

↘ Nästa uppslag: Konstföreningen håller vinterfest på Börsen den 2 mars 1895. Detta årliga evenemang var balsäsongens höjdpunkt för Göteborgssocieteten. *Göteborgs Aftonblads* utförliga referat den 4 mars 1895 lyckades nämna representanter för nästan hela den göteborgska eliten – inte minst alla unga fruar och giftasmogna döttrar som ställde upp i blomstertablåerna. Fru Fullerton-Carnegie var orkidé och fröknarna Sigrid Röhss och Beatrice Keiller var rosor. En fröken Agda Norin var tistel. En kapten Gobohm läste vers. Referatet understryker också vad man anar när man ser bilden:

Därpå tråddes dansen, som under den lifligaste och angenämaste stämning fortgick ända fram till 2-tiden. Som bevis på hur ovanligt talrikt besökt balen var kunna vi nämna att till och med den rymliga Stora börssalen – säkerligen den största som finnes att tillgå i staden – knappt erbjöd tillräckligt svängrum, då dansen pågick som lifligast.

← En springpojke kisar mot kameran en solig dag på Östra Hamngatan på 1890-talet. Gumperts bokhandel i hörnet mot Södra Hamngatan har fällt ut markiserna. I Göteborgs stadsmuseums arkiv är bilden klistrad på en kartong från firman Dahllöf & Hedlund som 1890 öppnade ateljé i Tomtehuset på Vasagatan. Fotografen Torsten Hedlund var son till *Göteborgs Handel- och Sjöfarts-Tidnings* chefredaktör S A Hedlund. Waldemar Dahllöf hade varit verksam som fotograf i Göteborg sedan slutet av 1860-talet.

En slumpmässigt vald tidningssida med annonser – GP den 27 juni 1891 – ger en aning om Östra Hamngatans funktion ungefär när bilden togs. W Söderqvist & Co säljer Fiskredskap och hängmattor (»Ryssjor, Mjärdar och ålkupor«), Ågren & Wemyss tar emot beställningar på prima foderbenmjöl, Robert Svensson erbjuder en »Till Café passande lokal« på »undra botten« av Östra Hamngatan 50. Signaturen »C.E.« önskar hyra en butik vid Östra eller Södra Hamngatan. Och ångslupen på Säveån mot Gamlestaden, Sävenäs och Utby avgår dagligen från trappan vid Lilla Bommen.

↑ Järntorget 1890. Torget, som fått sitt namn av en järnväg som användes för kontrollvägning av exportjärn, kallades i folkmun också Möbeltorget. Här sålde de högt ansedda Lindomesnickarna sina stolar under andra halvan av 1800-talet. En av möbelbutikerna syns på torgets östra sida intill den rundade tegelbyggnad som var Arbetareföreningens hus. Mitt på torget står en bekvämlighetsinrättning för män. Den intressantaste detaljen på bilden är kanske hästspårvagnen som just har svängt in från Södra Allégatan. Det var under 1890-talet som spårvägen fick sitt definitiva genombrott som det stora kollektiva transportmedlet i Göteborg. Spårvagnen förändrade i grunden göteborgarnas syn på staden – plötsligt behövde man inte nödvändigtvis bo nära sin arbetsplats. Det idylliska lugnet kring den stillsamt lunkande hästen utanför möbelaffären är alltså en smula bedrägligt. Hästspårvagnarna var hastigt på väg att bli otillräckliga. Bara ett par år efter att bilden togs gjorde göteborgarna över tre miljoner spårvagnsresor om året, och 1902 infördes det elektriska spårvägsnätet.

↑ Gustaf Adolfs Torg med Östra Hamngatans hamnkanal mot Lilla Bommen år 1873. En vakt med artillerikanon står nedanför Börsens trappa. Bilden är möjligen något retuscherad. Fotografen var den 32-årige Axel Lindahl från Uddevalla som i maj 1873 annonserat i Göteborgstidningarna om »Ny Fotografisk Atelier! Allén mittemot Nya Teatern«. Lindahls ateljé låg alltså nära Storan. Östra Hamngatans kanal mellan Gustaf Adolfs Torg och Lilla Bommen blev sedermera den sista av sidokanalerna som schaktades igen. Den försvann inte förrän 1936.

↓ Teaterbron från väster år 1895. En hästspårvagn rullar långsamt norrut bredvid damer i imponerande hattar. Denna välvda stenbro överbryggade vallgraven vid Kungsportsplatsen under större delen av 1800-talet och den växlade namn allteftersom Göteborg utvecklades: Chausséebryggan, Gamleportsbron och – efter Stora Teaterns invigning år 1859 – Teaterbron. När den okände fotografen fångade ögonblicket var bron alldeles otillräcklig för en växande storstads krav. Den började rivas 1898. Tre år senare stod den nuvarande Kungsportsbron klar.

↑ I över 300 år slussades ständigt båtar mellan Fattighusån och det göteborgska kanal- och vallgravssystemet. Det var inte enbart en komplikation, utan även en energikälla. Slusskvarnen mellan Drottningtorget och Brunnsparken uppfördes på 1750-talet efter ritningar av Bengt Wilhelm Carlberg. Den revs i början av 1870-talet. Då hade också brunnsdrickningen i Brunnsparken upphört. Bara ett litet varmbadhus fanns kvar. Bilden på Slusskvarnen är tagen från öster kort före rivningen.

↓ Denna bild från 1898 fångar igenfyllningen av Östra Hamnkanalen mellan Kungsportsplatsen och Brunnsparken. Pålar har inledningsvis drivits in som stöttor mellan kajerna. Kanalerna blev under 1800-talet ett allt större bekymmer för den expanderande staden – inte bara för att vattnet ofta var stillastående och stinkande utan också för att de smala kanalgatorna började bli för trånga för trafiken.

← Aron Jonason i början av 1860-talet. När bilden tas är han ung reporter på den nystartade tidningen *Göteborgs-Posten*. Inom några år skulle han vara känd som Göteborgs roligaste journalist. Jonason skrev i GP i nästan 40 år och beskrivs av eftervärlden ofta som Göteborgsvitsens fader, men han delar faderskapet med många och det är intressant att den alltid lika flitige C R A Fredberg – som naturligtvis ryckte ut och blixtsnabbt skrev en biografi direkt efter Jonasons död 1914 – såg honom som förvaltare av »det traditionella göteborgska skämtlynnet«.

Med Jonason blev »Den vitsande göteborgaren« känd i hela Sverige. Men framförallt var Aron Jonason – och det är detta som gör honom så svårrecenserad i dag – Göteborgs store tillfällighetsentertainer. Vid namnsdagar och bröllop, Göta Par Bricoles möte, sällskapet W-6, Svenska boktryckaremötets middag i Marstrand 1893, eller när det behövdes något skojigt om badmadamerna i det nybyggda Renströmska badet – överallt tittade Jonason fram med en vers eller en visa. Jonason var Oscar II:s »storwitzir« och hovfotograf på Marstrand under tjugo somrar kring sekelskiftet.

↑ Elever och lärare på Valands konstskola. Bilden är troligen tagen år 1892. Carl Larsson, som var huvudlärare i ett par omgångar, ritar en karikatyr av sin hustru Karin. Skildringarna av Carl Larssons Valandtid är ofta ljusa. Det berättas om hur Larsson muntert gick och såsade sin i röda keps och sin morgonrock med tofsar. Det är sillfrukost med öl och punsch på Valands tak. Någon sätter en cigarr mellan gaddarna på studieskeletten. Det är flaggpunsch, kinesiska lyktor, kaffe, konjak och sockerdricka. Men i den postumt utgivna memoarboken *Jag* tecknar Larsson en betydligt mörkare bild. Där antyder han att Valand var fullt av medelmåttor: »... halvgamla fruar, vilka förmodligen av lättja att icke vilja sköta sitt hushåll narrat sina männer att de hade talang«. Larsson var nog överdrivet butter i sina memoarer, åtminstone när det gäller det tidiga 1890-talet. Minst två av eleverna på bilden har sedermera förvärvat stabila positioner i den svenska konsthistorien: tecknaren och författaren Albert Engström, iklädd fadermördare, stående omedelbart ovanför staffliet, och modernisten Ester Almqvist, rakt ovanför amorinen och pappersarket.

93

← När Stora Saluhallen på Kungstorget öppnades i februari 1889 tog Göteborgs stad tillfället i akt att nästan dagligen i dagspressen annonsera om allmänna skärpta regler för torghandel i stor skola. Det handlade bland annat om att det var förbjudet att ha hästar på Grönsakstorget och att det inte var tillåtet att kasta skämda varor på marken. »Dessa bestämmelser gälla till efterrättelse från den 1 Febr. 1889.« Saluhallen var inte bara Göteborgs modernaste handelsplats. Den var också en signal till allmän uppryckning hos de göteborgska handlarna. Bilden av saluhallens interiör är odaterad men bör vara tagen under de första åren.

↑ Det var järnskelett som gällde på 1880-talet, och även om Stora Saluhallen väl inte var lika storslagen som sina internationellt kända anförvanter Eiffeltornet och Frihetsgudinnan tänjde bygget på gränserna för vad Göteborg kunde prestera. För det var en helt göteborgsk angelägenhet: delvis finansierad av Renströmska fonden, initierad av *Göteborgs Handels- och Sjöfarts-Tidnings* chefredaktör S A Hedlund, ritad av S A Hedlunds brorson Hans Hedlund, konstruerad på Keillers verkstad och uppförd av Göteborgsbyggmästaren August Krüger. Glas- och järnkonstruktionen vållade bygget förseningar, men i februari 1889 kunde handlarna äntligen flytta in. Bilden är tagen år 1888.

↑ Under större delen av Göteborgs historia har platsen för nuvarande Packhusplatsen varit sankmark, vassar eller älv. Länge låg här Kronans Masthamn. Så sent som i mitten av 1800-talet präglades området av en skranglig träbrygga. Området fylldes ut i början av 1860-talet. Fotografen var på plats cirka år 1865 och fotograferade den igenlagda hamnbassängen.

→ Ett ännu lantligt Hisingslandskap med Ramberget i bakgrunden framträder på denna bild från 1890-talet. På älvstranden syns den gyttriga förtätningen av ingenjör Keillers mekaniska verkstad: bryggor, kranar, fartyg och skorstensrökar. Verkstaden var ännu inte ett renodlat skeppsvarv. Några decennier efter att denna bild togs hade verkstaden på Hisingsstranden utvecklats till ett av världens största skeppsvarv – Götaverken – och Ramberget hade förvandlats till en gråstenskulle i en stad.

← Toppsockertillverkning vid Carnegiska bruket i Klippan 97
cirka år 1890. Sockerbruket i Klippan hade sin storhetstid
bakom sig när bilden togs. Det hade hört till den första vå-
gen av göteborgsk industrialisering och skördat sina största
framgångar tack vare ett tryckkokarpatent för sockertillverk-
ning som gett företaget en exceptionell ställning i mitten
av 1800-talet. Under 1900-talet transformerades det gamla
socker- och porterbruket på underliga vägar via bland annat
ett fastighetsbolag. Det som i dag huvudsakligen återstår
av detta gamla göteborgska bruk, dit råsockret en gång
fördes på segelfartyg från Karibien, är en investmentbank
i Stockholm.

↖ Föregående uppslag: Gamlestadens fabriker 1890. Ända fram till första världskriget var textilindustrin den självklart största industribranschen i Göteborg. Gamlestadens fabriker hade en ledande ställning, med färgeri, spinneri, väveri och tillverkning av fiskenät. För yrkesarbetande kvinnor representerade textilindustrin ett av två huvudalternativ till försörjning; den andra möjligheten var att arbeta som tjänstefolk i en förmögen familj. I mitten av 1890-talet passerade Gamlestadens fabriker milstolpen 1 000 arbetare. Majoriteten av dem var kvinnor.

↑ Göta artilleriregemente övar på Excercisheden någon gång på 1880-talet. I bakgrunden syns Sten Sturegatan. En inte oviktig del av övningen var att rulla kanonerna från arsenalsbyggnaderna på Kungshöjd. År 1895 flyttade artilleriregementet till Kviberg.

↑ Artillerister vid Arsenalen på Kungshöjd år 1893. Bilden
donerades till Göteborgs historiska museum av Ivar
Andersén. Han är den tredje artilleristen från vänster. Tack
vare honom vet vi också namnen på de övriga (från vänster):
Walter Dentgren, Albert Dahlström, Casten Lindemark och
Albin Lundell. Och sergeant Borén.

← Ölhall i Göteborg cirka år 1885. Etablissemanget står
med all säkerhet under det kommunala utskänknings-
bolagets kontroll. Servitrisen tycks ha satt på sig ett rent
förkläde för fotografen. Det är en tidig göteborgsk arbets-
platsbild på en kvinna i arbete.

↑ Systembolagskrogen Franska värdshuset vid Kronhus-
gatan. Bilden kan vara tagen tidigast 1899. De göteborgska
systembolagskrogarna var en del av ett kommunalt alko-
holmonopol som inte blott minskade dryckenskapen utan
dessutom, via ett utskänkningsaktiebolag, var en god affär
för staden Göteborg. Vinsterna var rentav så goda att de
kunde betraktas som ett moraliskt problem. CRA Fredberg
kommenterar detta med stor finkänslighet i andra bandet
av *Det gamla Göteborg*:

Det är nämligen kommunen, som både i moraliskt och
ekonomiskt avseende, i fattigvård och demoralisation,
får uppbära följderna av en lössläppt och missbrukad
brännvinshantering.

Det hör till den göteborgska självbilden att Systembolaget
är en göteborgsk uppfinning. Detta är en sanning med lätt

modifikation. Göteborg var inte först med idén. Däremot
står det klart att det var från Göteborg fenomenet spred
sig, framför allt till Storbritannien där »The Gothenburg
System« var ett etablerat begrepp. För en nutida betraktare
torde Franska värdshusets dörrlösa bekvämlighetsinrättning
vara den mest uppseendeväckande detaljen.

→ Här har byggnadsarbetare med spadar och spett ställt
upp sig för fotografen. Bilden ägs av Folkrörelsernas arkiv
och är tagen någonstans i Göteborg på 1880- eller 90-talet.
Repen användes för att förflytta sten: Göteborg expandera-
de med handkraft.

↑ Medlemmar av familjerna Haglund och Czapek på gården till Bloms Hotell år 1870. Familjernas tillvaro var sammanflätad. Familjen Haglund ägde hotellet, som var en viktig musikscen för kapellmästaren Josef Czapek. Och Czapek var gift med Berta Augustina Haglund. Flickan på vagnen är antagligen Elisabeth Czapek (född 1860) som sedermera blev konstnär. Fotografiet är taget av Robert Dahllöf, en av de fotografer från 1860- och 70-talen som lämnat mest spår i arkiven. Bilden har karaktär av snapshot. Vid denna tidpunkt fotograferades människor i regel inomhus i ateljé. Byggnader och stadsbilder framställdes ofta som representativa panoraman. Detta röriga ögonblick fångat på en bakgård, med människor mitt i språnget, är ovanligt för epoken.

→ Fotografiet är unikt. Det gamla spinnhuset började användas som kvinnofängelse på 1860-talet. År 1909 blev det hem för ensamstående mödrar. Bilden är odaterad, men gallren skulle kunna tyda på att den är tagen under fängelsetiden, antagligen runt år 1900. Fotografen tycks ha stått i ett fönster och fotograferat i smyg.

← I nästan 300 år var ljudet av klappträ en självklar be-
kantskap för alla göteborgare. Tvätterskorna satt på knä på
flottarna och hamrade ut sköljvattnet. Ett klappträ betrak-
tades som en normal fästmansgåva. Bilden är tagen intill
synagogan på Stora Nygatan. Det är troligen 1890-tal. Inget
klappträarbete i världen kunde göra något åt att vallgravs-
vattnet var hopplöst smutsigt.

↑ Fotografier från göteborgska hem på 1800-talet är relativt
sällsynta. Och ännu sällsyntare är interiörbilder från hem som
inte hör till det förmögna skiktet. Denna bild är en av flera i
en serie som fotografen Axel Olsson tog mellan 1882 och 1887
i Flygarns Haga, det vill säga i närheten av nuvarande Vasa-
platsen. Kvinnans namn är okänt. Hon har tagit på sig ett rent
förkläde för fotografen. I rummet – troligen det enda rummet
i bostaden – syns trasmattor på plankgolvet, bibel eller postilla
på bordet, en bredbukig fotogenlampa och en sparlakanssäng.
En inredningsdetalj fanns i både fattiga och rika Göteborgs-
hem i slutet av 1800-talet: tofsarna och fransarna.

↑ Kommendantsängen söder om Skansen Kronan somma-ren 1896. För en nutida göteborgare ter sig bilden fantastisk, men antagligen hade scenen en doft av förgången tid redan när fotografen var där. Kommendantsängen, som sedan 1600-talet använts som bete för officerarnas hästar, hade redan börjat uppslukas av staden. År 1895 började lands-hövdingehus byggas i sluttningen mot Skansberget. Under 1900-talets första decennier byggdes de imposanta stenhus som fortfarande präglar Kommendantsängen. Hölassen, hästarna och bönderna var på väg att bli pittoreska somma-ren 1896. Bilden är tagen i sista ögonblicket.

→ Skansen Westgötha Lejon – i dagligt tal Skansen Lejonet – hade fått sitt första lejon på taket redan på 1600-talet. I slutet av 1800-talet var lejonet nedplockat eller nedfallet, men i samband med reparationerna efter en takbrand gjordes ett slags nystart för den gamla symbolen. Eugen Thorburn designade ett fyra meter högt lejon som antagligen påminde ganska mycket om originalet: med guldkrona och svärd i höger tass. Bilden togs på bleck- och plåtslageri-bolagets gård år 1893, strax före monteringen på skansens tak.

← John Ericsson-monumentet invigs inför en skog av svarta paraplyer den 6 oktober 1899. Ceremonin var enligt ett reportage i *Hvar 8 Dag* »enkel, men värdig och stämningsfull«. Ericsson var en av de stora svenska snillehjältarna. Det finns flera monument över honom i USA, där han för Nordstaternas räkning konstruerade pansarfartyget *Monitor.* Det ansågs ha en avgörande betydelse för inbördeskrigets utgång. Ericsson betraktas ofta som fartygspropellerns uppfinnare. För det dominerande skiktet i Göteborg handlade nog monumentet snarare om att visa sig jämbördig med Stockholm än något överdrivet intresse för ingenjörskonsten. Ericsson hade ingen anknytning till Göteborg. Genom att hugfästa ett svenskt snarare än ett lokalt minne – en uppgift som normalt tillkommer huvudstäder – visade den expansiva industristaden Göteborg sina ambitioner. Att de göteborgska skeppsvarven hade nytta av Ericssons propellrar får ses som en bonus. En sorglig omständighet präglade ceremonin i regnvädret: skulptören Ingel Fallstedt hade några månader före avtäckningen fått ett nervöst sammanbrott och hängt sig på ett hotellrum i Köpenhamn.

↑ Göteborgsidrottens äldsta rötter kan spåras till början av 1800-talet, men idrott i någon modernare mening – med organisation, regler, föreningar och systematisk träning – blir synlig först under andra halvan av 1800-talet. Idrott som publiksport och massrörelse hör huvudsakligen till 1900-talet. Den första grupp göteborgare som hade tillräckligt mycket fritid för att ägna sig åt idrott tycks ha varit unga män med välbärgade föräldrar. Göteborgs tidigaste idrottshistoria är nästan parodiskt präglad av galopphästar och skyttetävlingar. Fäktmästaren och poeten Per Henrik Ling – allmänt ansedd som den svenska gymnastikens hurtiga fader – höll fäktningskurser i Göteborg mellan 1807 och 1811. Men det var snarare som ett slags fostran än som tävlingsverksamhet.

När bilden på löpartävlingen i Gamla Allén togs år 1894 var idrotten på god väg att bli en folkrörelse. Helt befriad från lätt aristokratisk prägel var dock inte gymnastikförbundets »gymnastik- och idrottsfest«. Ett tecken på detta är väl att deltagarna efter loppen tycks ha ätit supé på både Trädgårdsföreningen och Lorensbergs restaurang.

↑ Andréexpeditionens ballonghus på Johannesplatsen i Masthugget, våren 1896. Byggnaden provrestes i Göteborg innan den monterades ner och fördes till expeditionens startplats på Svalbard. *Göteborgs Handels- och Sjöfarts-Tidning* skrev den 17 april 1896:

Öfveringeniör Andrée hitlände i morse och tillbragte för-middagen i ballonghuset, som han sorgfälligt synade, både ofvan och nedan. Han fann bygget mycket tillfredsställande i alla afseenden, såväl virkets beskaffenhet som utförandet. Då någon såg honom uppe på en bjälke i höjden och till-ropade honom, att han skulle akta sig, om han icke vore olycksfallsförsäkrad, svarade den oförfärade polarresanden skrattande: »Hvad behöver jag olycksfallsförsäkring, jag som far i ballong – det kan vara för er som gå på gatorna!«

115

↑ Andrées ballongexpedition lämnar Göteborg med
ångaren *Virgo* den 7 juni 1896. *Göteborgs-Posten* skrev
dagen därpå:

*Redan ganska tidigt på morgonen började folkskaror
samlas nere vid »Virgos« tilläggsplats vid Nya Kajen.
Skarorna tätnade allt mer, och då öfveringeniör Andrée,
d:r Ekholm och kand. Strindberg kl. strax efter ½ 10 i vagn
anlände ned till ångaren för att stiga ombord, stod en
oöfverskådlig menniskomassa utefter hela kajen från
svängbron till Barlastkajen. Strax efter polarfararnes
ankomst anlände frih. Dickson för att säga dem sitt farväl.
Ombord å »Virgo« togo de derefter afsked af vänner och
anhöriga. Öfveringeniör Andrée, som snart visade sig
på kommandobryggan, hade erhållit en präktig bukett.*

*Öfveringeniören såg, liksom de öfriga medlemmarne af
expeditionen, käck och tillitsfull ut. Men helt naturligt
var ju att ett allvarsdrag i detta vigtiga ögonblick vilade
öfver hans ansigte.*

Man meddelade också i en notis: »En långhårig tax
(s. k. bogeyhund) från dir. A. Kirstens hundgård i Partille
har medföljt expeditionen till Spetsbergen«.

Sommaren 1896 väntade Andrée, Strindberg och Nils
Ekholm förgäves på de rätta vindarna från Spetsbergen.
Året därpå gjorde Andrée ett nytt försök. Då startade man
från Masthuggskajen. Fraenkel hade ersatt Ekholm. Den
gången kom de inte tillbaka.

↑ Robert Barchmann går balansgång – med synnerligen oklar utgång – till båten *Tyra* år 1898 eller 1899. Platsen är antagligen Arendal på Hisingen. I april 1898 hade Barchmann och Alma Nymansson annonserat sin förlovning på *Göteborgs-Postens* förstasida. Det finns alltså skäl att anta att kvinnan i båten är Alma Nymansson. Robert Barchmann startade tillsammans med sin bror och sin far Färjenäs snickerifabrik som huvudsakligen tillverkade lådämnen och hade drygt 200 anställda år 1900. Bilden finns i Knut Lyrmarks familjearkiv.

→ Promenad i Slottsskogen onsdagen den 10 augusti 1898. Kanske planerar de två herrarna i halmhatt att lyssna på sångkvartetten klockan halv åtta. Denna programpunkt hade annonserats i dagspressen som dagens enda offentliga nöje i Slottsskogen.

↘ Nästa uppslag: Pansarskeppet *Niord* har just löpt av stapeln vid Lindholmens varv. De militära kontrakten var prestigefyllda för varven – det var ett slags kvalitetsgaranti. *Niord* var ett av tre fartyg i marinens Odenklass. Fartyget var 86 meter långt och hade en maxfart på 15 knop. *Niord* skulle sedermera bli logementsfartyg för skeppsgossekåren i Marstrand. Någonstans i vimlet finns Oscar II.

A. JONASON
Kungl. Hoffotogr.

ARBETE

MED 1900-talet kliver Göteborg in i identiteten som tung och slamrig industristad. Men det göteborgska arbetet har genom historien haft många ansikten – från 1600-talets fästnings-byggande till 2000-talets postindustriella tillvaro. Och genom seklerna har hamnen förblivit det göteborgska arbetets hjärta.

122   → Det är decembermorgon på Skeppsbron år 1951 och foto-
       grafen råkar fånga ett rekord. Utvecklingen hade pågått
       i över hundra år. Först hade de gamla vassarna schaktats igen
       under 1800-talets första decennier. Gråsten och grus från de
       gamla fästningsmurarna användes för att fylla ut stranden.
       Stenpiren stod klar 1845. På 1850- och 60-talen växte den
       stenskodda kajen fram till Rosenlundskanalen. Det fanns,
       enligt dåtida beräkningar, 634 meter kaj vid Skeppsbron år
       1900. Göteborg växte och kranarna längs kajerna blev fler. År
       1951 – året då fotografiet togs – arbetade kranarna i hamnen
       i sammanlagt 378 000 timmar. Det var rekordnoteringen.
       Några år senare kom containerhanteringen och Göteborgs
       hamnar blev en angelägenhet för Hisingen. Därmed för-
       svann styckegodshantering och sorglösa hamnflanörer med
       tidning under armen.

↖ Föregående upslag: Göteborgs mekaniska verkstad i Lundbystrand år 1901. Familjen Keillers gamla verkstad var i början av 1900-talet på väg att transformeras till det internationellt konkurrenskraftiga skeppsvarvet Götaverken. De två pojkarnas närvaro på bilden undandrar sig tvärsäkra tolkningar. De är inte arbetsklädda. Men trots allt lutar det nog åt att fotografen har dokumenterat två av den göteborgska industrihistoriens många barnarbetare. Så sent som på 1910-talet var 10–15 procent av de göteborgska arbetarna minderåriga. Barn var attraktiva som arbetskraft: de hade lägre lön, och små barnahänder kunde komma åt exempelvis bomullstussar som hade fastnat i transmissionsremmar. Det var livsfarligt.

↑ Göteborgs trätoffelfabrik låg i många år på Brogatan 3. Byggnaden uppfördes 1858 och revs 1983. Bilden togs i oktober 1947. Fotografen tycks ha stått ganska nära Feske-körka och fotograferat över Rosenlundskanalen.

↑ Göteborgs Mekaniska Verkstad vid Skeppsbron.
Bilden är tagen i april 1902. Alexander Keiller hade startat
en verkstad vid Skeppsbron redan år 1841. Familjen Keiller
förgrenade sig sedermera ut i industriprojekt över hela
Västsverige, men familjeföretagets hjärtpunkt var den
mekaniska verkstaden på Skeppsbron. Alexander Keiller
hamnade inte oväntat i konflikter med staden Göteborg
och köpte snart som reservlösning en stor bit sumpig
deltamark på Hisingsstranden. Verksamheten på denna
reservmark skulle så småningom, något halvsekel efter att
Alexander Keiller försvunnit ur bilden, komma att förvand-
las till det världsledande skeppsvarvet Götaverken. Under
hela keillrarnas tid – grovt räknat 75 år på Skeppsbron

och Hisingen – var det aldrig tal om att specialisera den
mekaniska verkstaden. Man byggde allting. Man åkte gärna
till ett lantbruksmöte och fajtades om bronsmedaljen för
hackelsemaskiner. Mångfalden antyds i den för alla dåti-
dens göteborgare bekanta reklamtexten på byggnaden vid
Skeppsbron: »Lyftinrätningar Jernsengar Landbruksredskap
Kyrk-klockor«.

↑ När den första svenska Antarktisexpeditionen – ledd av den 32-årige geologen Otto Nordenskjöld – lämnade Göteborg klockan tio på förmiddagen den 16 oktober år 1901 fick man klara sig på privata sponsorer. Nordenskjölds lista över de bidragsgivare som fyllde *Antarctics* lastrum tecknar en blixtbild av göteborgskt sekelskifte: Aktiebolaget D Carnegie & C:o, bryggeriägaren M Lyckholm, grosshandlaren E Wijk, O P Andersson & Son, vattenhämtare av L M Ericsson, segel från Jonsereds fabriker, choklad från bröderna Cloetta i Malmö, punsch från C G Platin & Co, öl från bryggeriaktiebolaget Kronan (plus ytterligare tre bryggerier), cigarrer från Kockums tobaksfabrik. Därtill tvål, olja, fonografrullar, ättika, sill, kex, rödvin, filtar, linor, stövlar, mjöl, järnspis, salsur, spik, mattor, kex, koppartråd, en tavla av Carl Wilhelmson. Och samtliga årgångar av Strix. Även de mest hängivna polarhistoriefantasterna brukar ha svårt att redogöra för turerna i denna expedition. Sammanfattningen är att det gick galet, men slutade väl. Planen var att Nordenskjöld och ytterligare några forskare skulle övervintra i Antarktis och hämtas efter ett år. Men när *Antarctic* skulle hämta dem klämdes fartyget sönder av isen och sjönk. Besättningen klev av på ett flak (med vevgrammofoner och dragspel) och tog sig till en ö. En grupp sändes iväg för att få kontakt med Nordenskjöld i stugan, men blev också insnöad. I mars 1903 befann sig sålunda den stolta svenska expeditionen i tre olika kojor i Antarktis, och fartyget *Antarctic* låg på havets botten. Det krävdes en argentinsk militärkorvett för att samla ihop deltagarna. Men expeditionen hade fina vetenskapliga resultat med sig hem, och deltagarna katapulterades till karriärer. Otto Nordenskjöld blev rektor för Handelshögskolan i Göteborg. Carl Skottsberg grundlade Botaniska trädgården i Göteborg. J Gunnar Andersson öppnade Östasiatiska museet. Kartografen löjtnant S A Duse blev deckarförfattare. Den märkligaste banan fick den eleganta argentinske löjtnant – Sobral – som råkat komma med som observatör och nödgats leva tjugo månader i en stuga i Antarktis med skandinaver. Han hade lärt sig svenska genom att läsa de inbundna Strixårgångarna. Han disputerade i Uppsala, gifte sig med en svenska och blev argentinsk konsul i Oslo.

Här syns forskarna på *Antarctics* däck i samband med avfärden. Otto Nordenskjöld är andre man från vänster. Längst till vänster står den tjugoårige Carl Skottsberg.

↑ Ångfartyget *Thule* ligger vid Masthuggskajen cirka år
1915. Den på bilden knappt skönjbara texten »Thule Sverige«
på fartygets långsida indikerar att det är världskrig. *Thule*,
som ursprungligen byggts år 1892 i Newcastle, skulle seder-
mera gå under i ett annat världskrig. Hon såldes 1925 till ett
italienskt rederi och fick namnet *Franca Fassio*. Hon sjönk
den 4 oktober 1940 efter att ha torpederats av en brittisk
ubåt på en resa mellan Genua och Barcelona.

← Det hade varit en hård isvinter. Våren 1924, i skuggan av
Götaverkens dominans, drog sig Lindholmens varv fram på
reparationsuppdrag. Ett femtiotal fartyg – huvudsakligen
ångare som behövde ompyssling – väntade vid kajerna.
Någonstans i den brokiga röran på varvsområdet framställ-
des en järnbro. Som ett minne av en svunnen tid reparerades
och omdanades också ett av Göteborgs sista kommersiella
segelfartyg – Transatlantics järnbark *Bohus*. Hon hade nyli-
gen sålts till ett tyskt rederi. Bilden togs den 12 april 1924. Ett
par veckor senare seglade hon söderut, under ny flagg, och
ombyggd till skolskepp. Destinationen var, enligt en notis i
Göteborgs Aftonblad, »Pacifickusten«.

132 → År 1951 var hamnen fortfarande en angelägenhet för Fastlandsgöteborg, och kranarna vid Masthuggskajen hanterade fortfarande styckegods. I dag domineras denna kajsträcka av Stenas Danmarksterminal. Fotografiet är antagligen taget ganska sent på kvällen. Det ser ut att vara full fart på Henriksberg, men i Amerikahuset är det släckt i de flesta fönstren.

↑ Bananer lastas på Bananpiren i Frihamnen 1947. Banan-
importen kom snabbt igång efter andra världskriget. Många
äldre göteborgare minns de första bananerna efter krigs-
slutet som ett slags symbol för freden. De barn som föddes
i slutet av 1930-talet fick sina första bananminnen i syntetisk
form – som skumbananer. Den tidiga bananhanteringen
utsträckte sin tids teknologiska och logistiska gränser till det
yttersta. En banan bör förtäras en månad efter att den har
skördats och det tar ett par veckor att skeppa partiet över
Atlanten. Det kräver kyltransport. Mogningsrummen inför-

des i svenska hamnar cirka 1930. Det var en intrikat process
som krävde stor fingertoppskänsla av Bananpirens banan-
experter. En tafflig hantering kunde innebära att ett helt
parti fick kasseras. Den sista bananen kom till Bananpiren
år 2000. Göteborgarnas bananer har sedan dess anlänt via
Skandiahamnen på Hisingen.

↑ Hamnkranar hade funnits i Göteborg sedan ungefär år 1900. Men ännu år 1965 var det en händelse värd ett reportage när en kvinna siktades vid spakarna. Här är det fru Rita Johansson som övningskör.

↘ Nästa uppslag: Jagaren *Gävle* – nästan 95 meter lång och med en maxfart på 39 knop – sjösätts på Götaverken den 25 september 1940. På sjösättningstribunen står Götaverkens chef, Ernst Hedén, och amiral Bjurner. Göta artilleriregementes musikkår underhåller. Referatet från

Svenska Dagbladet dagen därpå har viss kulör av den högstämda ceremonisvenska som gärna användes vid evenemang under andra världskriget:

Efter någon stund framträdde landshövding Lübeck, som uttalade sin glädje över att den nya jagaren fått Gävle stads namn. Lycka ske Gävle och lycka ske gamla Sverige, sade han. Därefter följde unisont Du gamla, Du fria, varpå amiral Björner utbragte ett leve för konung och fosterland. Sjösättningen avslöts med flottans paradmarsch.

← Den 17 oktober 1962 stod fotografen på Ramberget och fångade diset över Sannegårdshamnen. Kajerna hade ursprungligen byggts för att hantera kol och koks – och i många decennier gick det svårligen att hitta smutsigare göteborgare än gubbarna i Sannegårdshamnen. När bilden togs hade emellertid oljehanteringen vunnit insteg och Sannegårdshamnen hade börjat användas för traditionell godshantering.

↑ Fotografiet från den 12 december 1961 har blivit legendariskt. Det hopskjutna perspektivet får betraktaren att undra om åskådarna på Stenpiren sedermera krossades. Men i verkligheten var det ingen särskilt spektakulär sjösättning, åtminstone inte vad beträffar fartygens storlek. Bulklastaren *Anaris* på 14 000 ton var ett av nio i princip likadana fartyg som Götaverken byggde för Grängesbergsbolagets räkning. *Anaris* konstruerades för malmtrafik, med dubbla skrov, och skulle enligt kontraktet kunna gå i drygt 14 knop med full last. Det var inget exceptionellt stort fartyg. Bara några år senare planerade Götaverken för att reparera fartyg på 200 000 ton. Det troliga skälet till att pressfotograferna hade lockats till evenemanget denna decemberdag var att det gick att bevittna en dubbelsjösättning. Till vänster i bild anas nästa fartyg på tur: det betydligt större *Luossa*, på 24 500 ton. Från *Luossas* sjösättning finns inga bilder att driva upp ur gamla pressarkiv. Det var den dramatiska närheten till Stenpiren som denna decemberdag fångade pressfotografernas intresse – och som förde den alldagliga och medelmåttigt stora bulklastaren *Anaris* in i den göteborgska varvshistorien.

↑ Bergs propellerfabrik på Öckerö år 1963. Familjen Berg hade då över ett halvsekel av varvs- och verkstadsverksamhet bakom sig. Det började 1912. Johan Wiktor Bergs företag på Hälsö var det största svenska fiskebåtsvarvet under ett par decennier, fram till 1960-talet, med periodvis över 80 anställda. Man byggde stadiga och knubbiga vita svenska fiskebåtar av trä. Hälsö var en värld där fiskebåtsglosor ständigt surrade i luften: snurrevadsvinschar, skjutmaskiner, spolpumpar, trålvinschar, tråltrummor. Efter hand blev det färre fiskebåtar och fler propellrar. I dag har Johan Wiktor Bergs röriga gamla verkstad transformerats till Caterpillar Propulsion.

→ Arkivnoteringen lämnar utrymme för osäkerhet, men troligen är det Svenska Amerika Liniens *Gripsholm* som ompysslas i april 1947. Under kriget hade *Gripsholm* använts av Röda korset för utväxling av krigsfångar och sårade.

← Dan-Axel Broström och Ann-Ida Broström vid sjösätt-
ningen av Svenska Amerika Liniens *Stockholm* på Göta-
verken den 9 september 1946. Dan-Axel Broströms kostym
är så perfekt att det nästan gör ont att se den. Det finns
något stilettartat med skjortkragen. Ann-Ida Broström går
i leopard. Buketten verkar vara rosor och cypresskvistar.

Familjen Broström ägde SAL. De ägde Eriksbergsvarvet.
De ägde ytterligare några dussin bolag. I tio år – enklast
uttryckt – hade SAL försökt bygga fartyget *Stockholm*.
Detta var tredje försöket. De två första fartygen hade byggts
i Monfalcone vid Adriatiska havet. Den första *Stockholm*
brann kort efter sjösättningen, den andra *Stockholm* köptes
av Italien och bombades av britterna.

Denna tredje *Stockholm* kom i väg med otur i kölvattnet.
Tio år efter sjösättningen i Göteborg, en dimmig julikväll
1956 utanför Nantucket, krockade hon med den italienska
ångaren *Andrea Doria*, och 56 personer omkom. *Andrea
Doria* sjönk. *Stockholm* flöt med hål i fören. Hon såldes
sedan till Östtyskland, som gav henne det kärvt välklingande
socialistiska namnet *Völkerfreundschaft,* och råkade ställa
henne på grund vid Sandhamn 1960.

Där skulle berättelsen kunna vara slut. Men det är den inte.
Stockholm har bytt ägare och namn ett tiotal gånger. Hon
har varit flyktingförläggning i Oslo. Hon har anfallits av
pirater i Adenviken. För närvarande heter hon *Astoria* och
kryssar ibland utanför Portsmouth.

Kanske är det fartyget *Stockholm* som är det fascinerande
med historien. Redarkungarnas tid är förbi. Varven är borta.
Men fartyget *Stockholm* glittrar fortfarande i morgonsolen
med sin läkta stäv. Hon har överlevt hela det gamla Göteborg.

↑ Motortankfartyget *Sveadrott* servas vid Eriksbergs varv
1946. Den 150 meter långa *Sveadrott* var vid sjösättningen
1938 Sveriges största handelsfartyg. Det hade dessutom en
maxfart på nästan 15 knop. Under andra världskriget användes
Sveadrott i lejdtrafiken och klarade minspärrar och torpeder
tills en grundstötning utanför den bohuslänska kusten
nästan sänkte fartyget. Det tog fyra och en halv månad att
sätta *Sveadrott* i stånd igen. Ett par år efter att bilden togs
byggdes *Sveadrott* om till malmfartyg.

145

← En fartygskock mottar det grishuvud som troligen snart kommer att dominera fartygets julbord. Det är den 20 december 1935. Rederimärket i skärmmössan är svårtolkat. Eventuellt rör det sig om Johnsonlinjen, det vill säga rederiet Nordstjernan.

↑ Året är 1937 och en svärm av kockar med vita jackor, men professionellt fläckiga förkläden, framträder kring spisen på det hotell som då var flottast i Göteborg – Palace Hotell i Brunnsparken. Bilden fångar ett ganska ovanligt bakomkulisserna-ögonblick i en byggnad som annars har varit helt inriktad på att uppvisa vackra ytor.

Palacehuset har varit illa ute åtskilliga gånger. Det byggdes ursprungligen 1749–1751, efter ritningar av Carl Hårleman, och hade då mycket få likheter med dagens fastighet. De ägare som framför allt har präglat Palacehuset är paret Göthilda och Pontus Fürstenberg som i slutet av 1800-talet inkvarterade konstnärer i lediga rum och i princip – de skulle aldrig uttrycka det så vulgärt – lät dem betala för uppehället genom att försköna huset. Till slut blev det så många tavlor och skulpturer att en extra våning måste byggas. Byggnaden har grundligen renoverats, byggs till eller brunnit minst ett halvdussin gånger. Så sent som i slutet av 1960-talet var den allmänna uppfattningen att Palacehuset skulle rivas. Men det verkar finns något mirakulöst med Palacehuset. Det klarar sig alltid.

↑ Broderiavdelningen på Wettergrens kappfabrik i Stig-
bergsliden år 1901. Chefen står i mitten. Wettergrens var en
betydande göteborgsk arbetsgivare med periodvis över tusen
anställda – huvudsakligen kvinnor. Företaget hade anor från
1830-talet, där i tur och ordning Eva Wettergren, sonen Johan
Arnold Wettergren och hans änka Emilia Wettergren drev
ett kombinerat skrädderi och klädaffär med några biträden
och sömmerskor. Men företagets egentliga grundare var
Fredrik Holm som tog över firman vid Östra Hamngatan
1871. Tillverkningen ökade explosionsartat. Holm köpte upp
omkringliggande hus och byggde på våningar och slog ut
väggar och lyckades hålla 400 sömmerskor i gång i trånga och
opraktiska utrymmen. Till slut gick det inte längre. Den nya
fabriken i Stigbergsliden, som skulle klara den nya tidens
behov, stod klar år 1898.

CRA Fredberg skildrar Wettergrensfabriken med uppen-
bar göteborgsk stolthet i Det gamla Göteborg:

*Den nya byggnaden, vars huvudfasad med sina toureller
och kreneleringar vetter åt Stigbergsliden, är uppförd av
gult och glaserat Skrombergategel till en höjd av 34 meter. I
denna är allt praktiskt och modernt inrett för sitt ändamål.*

→ I början av 1910-talet drog hattmodet åter åt det grandiosa
hållet. Här provas några fantastiska modeller hos Meeths.
På disken till höger i bild står en vas med hattnålar. Året
är 1911. Meeths hade då nyligen slagit sig samman med
Vollmers modebasar och öppnat i magnifika och moderna
lokaler på Kungsgatan. Under de följande åren utvecklades
Meeths till ett fullödigt varuhus med avdelningar för kappor,
hattar och gardiner. Och självfallet höll man också en liten
tesalong där kunderna kunde pusta ut.

 Föregående uppslag: Telefonister i arbete i Telegraf-
verkets byggnad på Västra Hamngatan 15 år 1901. När bilden
togs hade Göteborg haft telefonnät i två decennier. Utveck-
lingen hade varit explosionsartad. Telegrafverket hade tagit
över byggnaden på Västra Hamngatan 1892 och byggt till en
vindsvåning med takfonster. Detta osedvanligt goda ljus-
insläpp var kanske också ett skäl till att hovfotografen Aron
Jonason ville fotografera miljön. År 1912 flyttades telefonis-
terna till den nya byggnaden vid Kaserntorget.

↑ Tillverkning av brandslangar i Jonsereds fabrik år 1911.
Brandslangstillverkningen har lite oväntat en central roll i
den göteborgska industriutvecklingen. Textilindustrin domi-
nerade den första industriella vågen. Under pionäråren hade
William Gibson och Alexander Keiller bedrivit segelduks-
tillverkning. På 1830-talet flyttade Gibson och Keiller ut till
forsarna i Jonsered. Keiller lämnade ganska snart kompan-
jonskapet, och Jonseredsfabrikerna växte och utvidgades till
trä- och metallindustri. Det gamla segelduksarvet hängde
dock kvar – inte minst vad gäller tillverkning av handdukar,
säckar och remmar. Och brandslangar.

↑ Tillverkning av fisketrålar i Göteborg 1916. Efterfrågan på fisk fångad i svenska vatten steg under första världskriget. Antalet yrkesfiskare ökade och det resurskrävande trålfisket utvecklades. De svenska västkustfiskarna – som hade ständiga internationella kontakter – hade experimenterat med trålfiske redan på 1870-talet.

↑ Kungstorget cirka år 1898. Den för eftervärlden okände
fotografen står på Storans tak och dokumenterar det nya
Göteborg som har vuxit fram under 1800-talets andra halva.
Nästan allt på bilden måste ha tett sig nytt och främmande för
samtida flanörer: skyltfönstren i bottenvåningarna, telefon-
ledningarna och – göteborgarnas stolthet – Stora Saluhallen,
ett modernt inomhustorg av kontinentalt snitt. Kungstorget
anlades på en yta som frigjorts när de gamla stadsmurarna
raserades. Här låg en gång bastionen Johannes Dux.

153

↑ Feskekörka – stadsarkitekten Victor von Gegerfelts salu-
hall för fisk – invigdes 1874. Men först i samband med en stor
ombyggnad på 1960-talet fick den sitt nuvarande utseende
med öppen mittgång och avskilda fiskhandlare. När bilden
togs den 9 september 1922 var Feskekörka fortfarande i
princip ett torg under tak. Skyltarna till vänster tyder på att
det är kräftsäsong.

154

↑ På denna bild från 1939 tycks skånska och göteborgska måltidstraditioner flyta samman. Adolf Andersson vilt- och tågelattär i Stora Saluhallen laddar upp med gäss inför traditionell gåsamiddag. Men bilden är inte tagen på Mårtensafton den 10 november, utan på den mer göteborgskt färgade Gustav Adolfsdagen den 6 november. En kvalificerad gissning är att den göteborgska gåsamiddagen kröntes med Gustav Adolfsbakelser.

→ Den 12 juli 1937 fick mjölkhandlaren i Merkurhuset på Skeppsbron hantera mer vatten än mjölk. Fastigheten – byggd år 1897 och numera den äldsta på Skeppsbron – har sällsamt ofta drabbats av översvämningar. I denna hörnlokal låg sedan i många år lämpligt nog butiken Kanotcentrum. Byggnaden ägdes länge av rederiet Svenska Lloyd.

← Göteborgs fiskhamn. Bilden är en av många i Nordiska museets samlingar av hovfotografen Erik Liljeroth. Året är troligen 1952.

Fiskhandeln har varit svårhärbärgerad under hela Göteborgs historia. På 1600- och 1700-talen sålde fiskare sin fångst direkt från båtar och flottar i kanalen. Ibland staplades sill på kajen. Det stank. I en allmän tillsnyggningskampanj flyttades handeln i mitten av 1800-talet till kajen vid Rosenlundskanalen. Stadsarkitekten Victor von Gegerfelts saluhall för fisk, Feskekörka, öppnade där år 1874. År 1910 flyttades handeln mellan fiskare och grossister ut till sin nuvarande plats, vid älven nedanför Stigberget. Men ännu i slutet av 1910-talet rapporterade pressen upprört om fiskhandlare som klätt ut sig till fiskare – i sydväst och oljeställ – för att förmedla intrycket att sillen vid Feskekörka såldes utan mellanhänder.

↑ Vid Göteborgs fiskhamns femtioårsjubileum den 9 oktober 1960 paraderade sjuttio Bohustrålare – av vilka fem syns på bilden – uppför älven. I fiskhamnen väntade sedan ett kafferep för 1 200 personer. Bilden publicerades dagen därpå på *Dagens Nyheters* Namn & Nytt-sida.

↘ Nästa uppslag: Tonfisken var relativt vanlig i svenska vatten fram till 1950-talet, men denna magnifika fångst i juli 1916 var trots allt något utöver det normala och rapporterades även i rikspressen. Tonfisken – som i princip är en enormt stor makrill – blir ofta två meter lång. Enstaka exemplar kan bli tre meter. På senare år har tonfisken åter börjat synas i svenska vatten. I augusti 2017 såldes en 250 kilos tonfisk på Göteborgs fiskauktion. Den hade tagits av misstag i Skagerack av en fiskare från Västra Frölunda.

↑ *Expressens* fotograf Tommy Wiberg står för detta
fångade ögonblick i Göteborgs fiskhamn en aprilmorgon
1968. Auktionen i Göteborgs fiskhamn har alltid utövat en
oproportonerligt stor dragningskraft på riksmedierna. Över
hela evenemanget vilar något oemotståndligt och exotiskt:
den tidiga morgontimmen, de isade lådorna med hälle-
flundror och baddartorskar som bara några timmar tidigare
simmade i Kattegatt. Och gubbarna i tjocka stövlar som
signalerar sina bud med diskreta höjningar på ögonbryn
eller mustascher. Den allmänna uppmärksamheten har lett
till att turister försökt att spontant besöka den slutna fisk-
auktionen i tron att det är ett stort publikt evenemang.

→ Islandssill lossas en augustidag 1951. På tunnornas lock
anges att sillen är »landsaltad« – ett alternativ till »ombord-
saltad« sill. För göteborgska sillätare har beteckningen Islands-
sill en trevlig klang – kalla fiskevatten ger fast och fet sill.

Sill har förtärts i enorma volymer under hela Göteborgs
historia. Under de stora sillperioderna – framför allt under
andra halvan av 1700-talet – höll sillen dessutom västkustens
ekonomi i gång, med trankokerier och sillsalterier.

↖ Föregående uppslag: Året är 1921 och Ringön är fortfarande en ö på denna ovanligt tidiga flygbild över Göteborgs hamn. Frihamnen är på väg att växa fram, med en dryg kilometer ny kaj, pirar och ett muddrat djup ner till nio meter. Till vänster i bild – på Hisingsstranden – syns Götaverkens sjöfront. Trängseln signalerar ett välstånd som konkurrenterna Lindholmen och Eriksberg blott kunde betrakta avundsjukt. Trots den enorma lågkonjunkturen i början av 1920-talet hade Götaverken i princip full sysselsättning, framför allt tack vare seriekontrakt med storrederier. Ett av kontrakten (med Trafikaktiebolaget Grängesberg-Oxelösund) gällde 18 fartyg. De andra varven hade det bekymmersamt.

↑ Torghandlarna på Kungstorget försöker hålla i gång affärerna i snöyran. De tre krigsvintrarna 1939–1941 var ovanligt kalla. Göteborg hade en medeltemperatur på –4,2 grader vintern 1940–1941. Bilden togs den 28 februari 1941. Ungefär samtidigt – i det världskrig som alla talade om – anlände Rommel till Nordafrika med Tyska Afrikakåren.

↑ Svenska Kullagerfabrikens personalmatsalskök i augusti
1913. SKF hade växt från 15 anställda år 1907 till 3 200 anställda
– över hela världen – år 1913. Företagets hjärtpunkt låg i
Gamlestaden, där fabriksområdet oavbrutet byggdes ut.
SKF:s vilja att förmedla bilden av att ständigt ligga i frontlin-
jen av den teknologiska utvecklingen anas i detta fotografi:
blankt, automatiserat, ljust.

166

↑ Bilder på nyligen landade fiskar blir gärna en smula miss-visande eftersom de ofta visar en fångst som inte är typisk. Ty varför skulle man annars besvära fotografen? Här en osed-vanligt präktig långa utanför Strandbergs fiskaffär i april 1928.

↓ Majblommor tillverkas i mars 1913. Majblomman upp-fanns av organisations- och marknadsföringssnillet Beda Hallberg som i början av 1900-talet arbetade med fattigvård i Göteborg. Den första blomman såldes år 1907 till förmån för tuberkulossjuka barn. På bara några år blev majblommorna en angelägenhet för hela Sverige.

↑ Göteborg växte snabbt, men brandväsendet hade svårt att hänga med i utvecklingen. Ännu på 1910-talet användes brandsprutor som köpts från England i början av 1860-talet. Här görs den sista utryckningen med hästdragna fordon från brandstationen vid Gustaf Adolfs Torg. Bilden är tagen år 1915.

↓ Göteborgska bagare den 2 mars 1928. Bakugnen heter Uni-Nor och förefaller vara tillverkad i den lilla norska kuststaden Risör.

↑ Något lantligt och tidlöst vilar över detta fotografi av kötthandlare som säljer sina varor från öppen vagn och väger stycket med ett enkelt besman. Bilden uppges vara tagen i Göteborg – oklart exakt var – den 24 april 1926.

↓ Fiskhandel i Rosenlund år 1912. Några av kunderna – framför allt kvinnan i hatt och pälskrage – ser ut att höra till ett samhällsskikt som normalt överlät hushållsinköpen till tjänstefolket. Fiskpriserna var en viktig göteborgsk konjunkturmarkör.

↑ De blindas korgtillverkning i Göteborg den 16 oktober 1913. Några av de synskadade har klätt sig i vit krage för fotografen. Riksorganisationen De blindas förening hade startats år 1889 av korgmakaren Petter Erland Svensson.

↓ Hållningsgymnastiken kan sägas ha varit en blandning mellan uppfostran och gymnastik. Här lär sig 1912 års göteborgska skolbarn att räta på ryggen.

← Renströmska badet brinner den 15 juli 1903. Anlägg-
ningen hade inledningsvis öppnat i december 1876, efter
en donation av trähandlaren Sven Renström (1793–1869).
Denna första version av badhuset bestod av rader av badkar
och präglades av mosaik och färgat glas. Men Göteborgs-
skildraren CRA Fredberg, som annars mest har vänligheter
att säga om stadens stora män, skriver avfärdande om Sven
Renström i standardverket *Det gamla Göteborg* (1919–1922):

*Denne mångmillionär, som med dinglande gång och
besynnerliga armrörelser vandrade på Göteborgs gator, ful
som en apa, blev både en framstående och på skilda om-
råden verksam kommunalman, som särskilt inom stadens
drätsel nedlade ett mångårigt insiktsfullt arbete, samt en
upplyst och dugande riksdagsman.*

Den renströmska fond på en miljon riksdaler som upp-
rättades i Renströms testamente bidrog bland annat till fyra
göteborgska badhus och ett sjukhus. Fondens storlek var
enorm. Den motsvarade nästan Göteborgs samlade utgifter
under ett år. Efter branden fick badet en modernare utform-
ning med simhall som bättre svarade mot den nya tidens
behov. Där lärde sig några generationer av Hagabor att sim-
ma. Den olympiske mästaren Arne Borg var simlärare; oftast
kom han ihåg att lägga ifrån sig cigarren innan han klev i.

 Den 15 juli 1971 ledde en olycklig kombination av gods –
och en stor portion otur – till en av de värsta katastroferna
i Göteborgs hamns historia. Det danska fartyget *Poona* låg
vid kaj i Lundbyhamnen. Tunnor som innehöll natriumklorat
och rapsolja stod sida vid sida i lastrummet. En stålbalk som
sänktes ner kom i gungning och råkade sticka hål på några
tunnor. Samtidigt uppstod gnistor. Explosionerna blev
fruktansvärda. Lastluckor blåstes ut. Brinnande stycken for
över stora delar av Göteborg. Trä splittrades på Götaälv-
bron. Fönsterrutor krossades i Brämaregården. Inte ett enda
skyltfönster på Herkulesgatan förblev helt. Till och med på
fastlandet – i Brunnsparken – kastades tegelpannor och
splitter omkring och orsakade personskador. Branden på
Poona pågick i flera dygn. Fyra personer – en besättnings-
man och tre stuveriarbetare – omkom. En svampliknande
rökpelare syntes över hela Göteborg.

↑ Grodmansrånet har gått till den göteborgska brottshisto-rien. Strax efter lunchtid den 29 juli 1965 sprang två män in på Skandinaviska bankens kontor i Gamlestaden. Den ene bar lösbröst och blond peruk, den andre vaktade vid dörren och avlossade några kulor i taket.

Rånarna hade en ganska bra plan. I första hand skulle de fly i en båt på Säveån. Ligans tredje medlem satt till rors och vän-tade. I andra hand, om det skulle visa sig omöjligt att använda båten, skulle de försvinna simmande i det grumliga vattnet. För detta ändamål bar de grodmansdräkter. De hade placerat viktbälten och syrgastuber i vassen. Under vattnet hade de också spänt en koppartråd som de skulle kunna följa.

Men nästan allt gick snett för rånarna. Både kunder och personal gjorde oväntat kavat motstånd. I kassan satt bland annat en nyss hemkommen FN-soldat. I det allmänna tumultet råkade en av rånarna skjuta sig själv i benet. Bara rånaren med peruk och lösbröst hann med flyktbåten. Den akterseglade och skottskadade ligaledaren låg sedan under fruktansvärda smärtor och tryckte i timtal i det smutsiga vattnet innan han till slut gav upp. GP-fotografen Curt Warås fångade ögon-blicket när poliserna bar bort honom. Ligaledaren dömdes till sex års fängelse. När han sedermera kom ut bytte han namn, gifte sig, skaffade ett hederligt jobb och var ganska aktiv som lokalpolitiker i ett riksdagsparti.

↑ Bildsköne Bengtsson och Tatuerade Johansson poserar
– ofrivilligt – tillsammans med polismän och detektiver i
Göteborg den 30 oktober 1934. Det var slutet på en jakt som
med smärre avbrott hade pågått i två år. Harald Bengtsson
och Folke Johansson var småtjuvar och kassaskåpsspräng-
are. Vid ett tillfälle hade polisen lämnat ett signalement
på Bengtsson som var oemotståndligt för tidningarna: han
sades vara »bildskön«. Från den dagen var han Bildsköne
Bengtsson.

   De hade ett gömställe i Göingeskogarna. Till det
romantiska draget i berättelsen om dem bidrog att denna
tjuvgömma uppfyllde högt ställda krav på Robin Hood- eller

pojkboksstämning: en hemlig koja i skogen, med mattor,
radio, möbeltyg på väggarna, konserver, veckotidningar,
sjutton band av *Nordisk familjebok* och dynamit.

   När polisen upptäckte hyddan flydde Bildsköne Bengts-
son och Tatuerade Johansson till Göteborgtrakten, där de
greps efter att ha försökt att köpa ett tält.

   Det är svårt att tänka sig att en bild av det här slaget skulle
tas i dag, och exponeringen av Bengtsson och Johansson
var inte helt okontroversiell ens 1934. Polisen kritiserades
också av justitiekanslern efter att en filmsnutt på Bildsköne
Bengtsson visats som förfilm på biograferna.

↑ Konserthuset på Heden brinner den 13 januari 1928.
Konserthuset var ett lågbudgetbygge av trä från år 1905, så
förlusten av själva byggnaden var väl ingen katastrof. Där-
emot gick ovärderliga noter och musikinstrument förlorade.
GP skrev dagen efter branden:

*I det längsta arbetades på att rädda vad som räddas
kunde, men när faran för liv och lem blev allt för stor måste
polisbefälet ingripa och förhindra vidare bärgningsarbete
i den brinnande byggnaden. Hela södra flygeln stod då
i ljusan låga, väldiga rökmoln svepte ut över Heden och
flammorna stego högt.*

← Valtermometrar hängs ut på ʜᴛ-centralen den 26 augusti 1922 – dagen före den stora folkomröstningen om ett eventuellt totalförbud mot alkohol i Sverige. Den fråga som väljarna skulle besvara var inte ja eller nej till alkohol, utan ja eller nej till förbud. Nykterhetsrörelsen var pådrivande och betydligt bättre organiserad. Det var först några månader före omröstningen som förbudsmotståndarna fick i gång Landsföreningen för folknykterhet utan förbud. Det sammanlagda resultatet i riket som helhet blev en seger med ytterst knapp marginal för nej-sidan. I Göteborgs och Bohus län blev marginalen större – här fick nej-sidan 72,9 procent.

↑ Det ser städat och välorganiserat och nästintill stillsamt ut när tidningsbudet hämtar tidningarna i *Göteborgs Handels- och Sjöfarts-Tidnings* packsal. Bilden är tagen cirka 1935. På en annan nivå var dramatiken desto större. Ett tidningskrig pågick. *Göteborgs Handels- och Sjöfarts-Tidning* hade nyligen förlorat den göteborgska förstaplats som varit en självklarhet i ett sekel. ɢʜᴛ:s upplaga låg stabilt runt 40 000 exemplar. Problemet för ɢʜᴛ var *Göteborgs-Posten* som mellan 1925 och 1935 hade ökat från drygt 20 000 exemplar till cirka 60 000.

↑ GT:s söndagstidning packas utanför tryckeriet i Västra Nordstaden. GT ägdes av *Göteborgs Handels- och Sjöfarts-Tidning* och det går många historier om fryntliga kultur-krockar mellan den allvarliga morgontidningen GHT och den lekfulla kvällstidningen GT. Bilden är tagen i juli 1959 – en månad med politisk spänning. Chrusjtjov hade nyligen ställt in ett besök i Sverige efter kritik från högerledaren Jarl Hjalmarson. Nixon gjorde ett omtalat besök i Sovjetunionen. Den ene tidningspojkens frisyr antyder dock att det fanns viktigare frågor: en omsorgsfullt kammad Tommy Steele-look.

→ I december 1946 var det full fart i Gumperts bokhandel i hörnet av Södra Hamngatan och Östra Hamngatan. I förgrunden syns den internationella bästsäljaren *Alltid Amber* (*Forever Amber*) av Kathleen Winsor – 777 sidor kärlek och förvecklingar i 1600-talets England. Winsors originalmanuskript var fem gånger så långt. En bidragande orsak till bokens framgångar var antagligen att den ansågs vara osedlig. Under en period var den förbjuden i fjorton amerikanska delstater. Det var naturligtvis utmärkt reklam.

← Curt Weibull installeras som professor vid Göteborgs högskola den 26 september 1927. Som historiker introducerade Curt Weibull (och hans bror Lauritz) den så kallade källkritiska skolan inom svensk akademisk historieskrivning. Bröderna Weibull och deras adepter – *weibullianerna* – rensade ut myter och legender. Den nordiska historien blev genom Curt Weibulls röjningsarbete mindre färgsprakande, men i gengäld betydligt mer sann. Curt Weibull – som var Göteborgs högskolas rektor under andra världskriget – blev 105 år gammal och hade en unikt lång karriär som historiker. Doktorsavhandlingen, om Saxo Grammaticus, spikades 1915. Den sista uppsatsen – om Göteborgs universitets historia – publicerades år 1991. I de akademiska Göteborgsmiljöerna frodas fortfarande anekdoter om repliker som tillskrivs Curt Weibull, bland annat: »Om jag dör före hundra sker det mot min vilja.«

↑ Biskop Edvard Rodhe ledde Göteborgs stift i nästan 41 år – ett oslagbart rekord – och blev på pur uthållighet så folkkär att han kunde dyka upp som gestalt i nyårsrevyerna. I debatten väckte han emellanåt munterhet. Han ville låta pojkar och flickor ha skilda skollov. Ibland varnade han för »vetenskap, nykterhet och socialism«. Till hans försvar ska sägas att det inte var nykterheten i sig utan nykterhetsrörelsen som väckte hans missnöje. Bilden är tagen den 29 augusti 1929. Edvard Rodhe har helt nyligen pensionerat sig. Han ska snart fylla 84 år.

↑ En Volvo monteras i fabriken i Lundby. Bilden är tagen under något av Volvos första år. I samband med att de första bilarna levererades 1927 skrev *Göteborgs-Posten* den 16 april:

Den första bilen från Volvo stod i torsdags färdig att lämna verkstäderna i Nordkulans gamla fabrik på Hisingen. Den gick till en herre i Borås som varit så angelägen att få just den första svenska personbilen, att han beställt den redan i augusti förra året. Fabrikens ledning gläder sig åt det lyckliga resultatet; många hade förutspått att man inte skulle hinna bli färdig till utsatt dag. Det har nu visat sig att det går bra att göra en bil av delar som komma från vitt skilda håll.

↑ Denna Volvo öv 4 deltog 1928 i en tävling i Linköpings-
trakten. Bilden skulle kunna vara tagen där. Bilen är extra-
utrustad med en kraftig strålkastare i fronten. Annars var
extrautrustning och specialanpassning känsliga saker i
bilsportens barndom. Det betraktades som fusk att inte
köra med standardvagnar. När Volvos ledning – det vill säga
Gustaf Larson och Assar Gabrielsson – nåddes av ryktet
om planer på att trimma Volvobilar inför tävlingar satte
man omedelbart stopp.

Även utan trimning hade Volvo framgångar. I september
1928 segrade en Volvovagn i en tävling Leningrad–Moskva
tur och retur. Det låter strapatsrikt. Vägarna runt Linköping
förefaller också ha varit strapatsrika. Därom skvallrar leran.

182

↑ I januari 1960 kunde Volvo skeppa PV nummer 50 000 till den amerikanska marknaden. Det faktum att Volvo över-huvudtaget uppmärksammade och höll reda på ett sådant jubileum tyder möjligen på amerikanska influenser.

→ Full fart i Bil & Trucks verkstad på Odinsgatan en febru-aridag 1949. Företaget startades 1929 av bilreparatören Einar Hellsén. I slutet av 1930-talet hade Bil & Truck ungefär 150 anställda och kunde ta steget till toppmoderna lokaler – 10 000 kvadratmeter – på Odinsgatan. När reportageteamet besökte Odinsgatan hade företaget vuxit ur även denna kostym. Antalet anställda hade stigit till 300. Filialer hade öppnats. Bil & Truck både skapades av och var delaktigt i skapandet av den göteborgska massbilismen.

← Det är lite oklart om chalmeristerna verkligen brukade bära vit skjorta och slips i ritsalen år 1952 eller om de hade klätt upp sig inför fotografen Erik Liljeroths besök. En studentikos markör är tidlös: de stulna skyltarna med alkoholanknutna budskap.

↑ Den 23 april 1962 släpps fotografen in i Sahlgrenska sjukhusets ortopedverkstad och finner läkaren Olle Thorén – expert på hälbensbrott. Olle Thorén blev sedermera en central västsvensk läkargestalt. Han var engagerad i skapandet av Norra Älvsborgs länssjukhus (NÄL) i Trollhättan och Vänersborg och gjorde där en vacker karriär som kirurg och klinikchef.

186

↑ Bonden Johan Johansson – kallad *Hôtten* – fotograferas med sina kor på Eketrägatan i oktober 1953. Södra Hisingens förvandling från uråldrigt bondelandskap till storstad med punkthus och spårvagnar gick häpnadsväckande fort efter andra världskriget. I kossornas gångriktning, ungefär femtio meter bort, ligger Kyrkbytorget.

→ Bilden togs i smyg, för den skildrar en verksamhet som var – om än ytterst lindrigt – kriminell. Den så kallade plommongubben var ett välkänt inslag i stadsbilden, men denna försäljning av frukt var förbjuden innanför vallgraven. Ögonblicket fångades i hörnet av Östra Hamngatan och Kyrkogatan, men med tiden skulle plommongubben ofta komma att stå vid Kungsportsbron, utslungande sitt bekanta reklamrop: »Här va're saftiga päron – endast fem för en krona.«

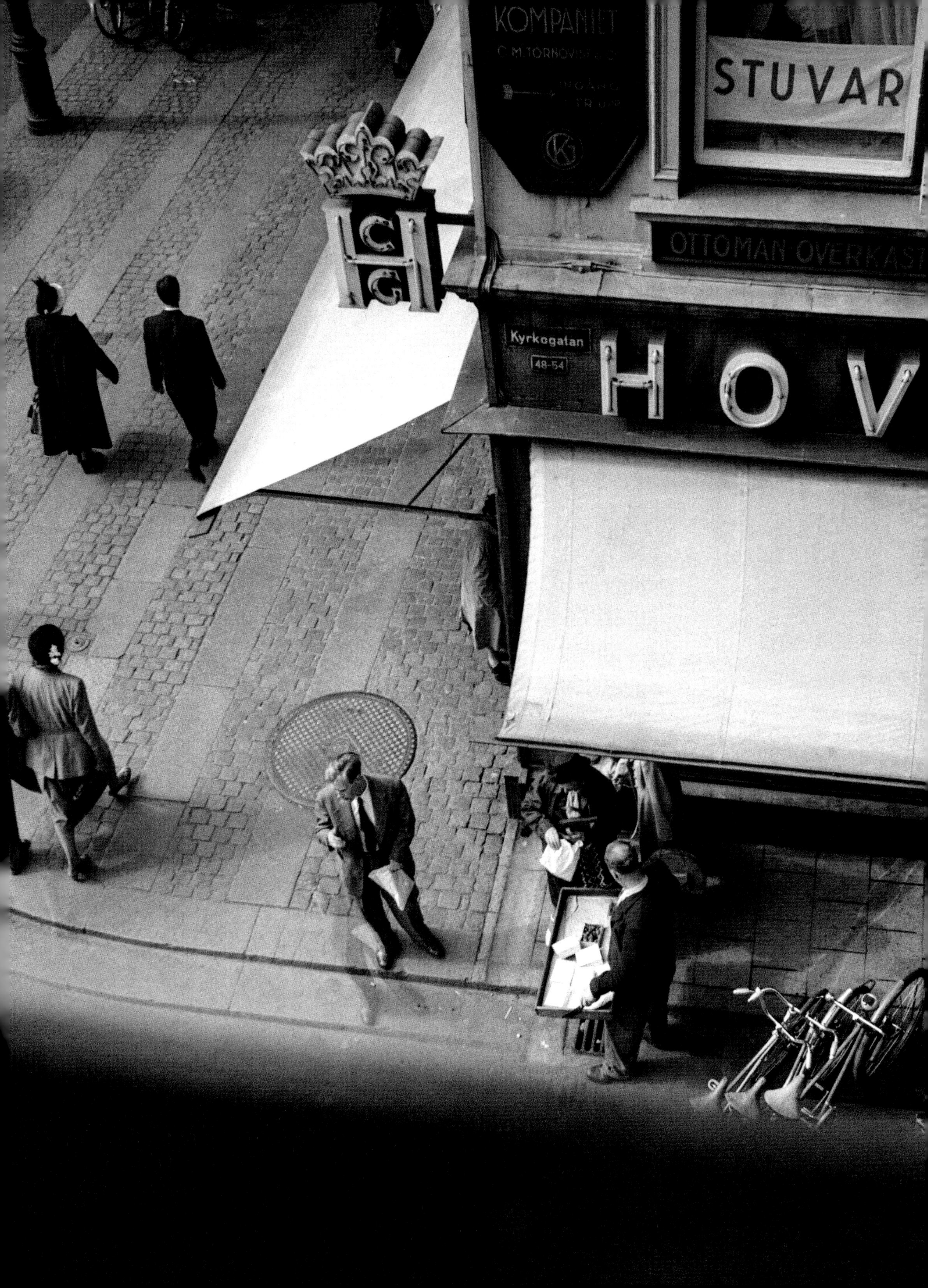
KOMPANIET
STUVAR
OTTOMAN-ÖVERKAST
Kyrkogatan
48-54
HOV

← I augusti 1945 råder värmebölja i Göteborg – och då är
Eriksbergs Ebedricka det perfekta göteborgska alkoholfria
alternativet. Eriksbergs bryggeri låg ungefär vid Lisebergs
nuvarande parkering och hade i höjd med andra världskriget
en årlig tillverkning på fem miljoner liter. Det var bara i
butikerna som svagdrickan Ebedricka upplevdes som
konkurrent till ölet – ty Eriksbergs bryggeri ägdes av Pripps.
Det är förresten ett kraftprov att bära en träkagge med
damejeanne i varje hand.

↑ Det är den 29 augusti 1955 och tillverkningen av Three
Towns starköl pågår för fullt på Pripps bryggerier. Uppladd-
ningen inför motbokens avskaffande den 1 oktober 1955 präg-
lades av både förväntan (bland bryggare och ölvänner) och
oro (bland nykterhetsvänner). Tidigare hade starköl sålts på
apoteket, ytterst nödtorftigt etiketterat som medicin. I efter-
hand kan man konstatera att avskaffandet av motboken inte
hade någon större påverkan på svenskarnas alkoholvanor.

↑ Nils Jerring, med kamera i hand, och filmfotografen Gustaf Boge på Gustaf Adolfs Torg i april 1946. Troligen gör de ett inslag till SF-journalen.

Två saker (minst) är förbryllande med statyn över Göteborgs grundläggare.

Det första är årtalet. Bengt Erland Fogelbergs bronskung kom på plats den 18 november 1854. Men på sockeln står årtalet 1849. Förklaringen är att sockeln optimistiskt fabricerades först. Sedan gick allt galet med gjutningen av statyn. Den första versionen, gjuten i Rom, tedde sig närmast schweizerostartad. En bättre variant framställdes i München, men fraktfartyget förliste utanför Helgoland. Den begärda bärgarlönen var så hutlös att göteborgarna föredrog att beställa en ny version, medan den ur djupet hissade varianten till slut hamnade på ett torg i Bremen. Där stod den i nittio år, innan den smältes ner av nazister som behövde metallen.

Den andra förbryllande detaljen är kungens namn. På 2000-talet stavas det i regel Gustav Adolf. Eftersom torget fick sitt namn på 1800-talet skapas därmed den lite egendomliga situationen att det är alldeles rätt att skriva att Gustav II Adolf står på Gustaf Adolfs Torg. Och på sockeln står det »Gustaf Adolf den store«.

→ Poseidon tvättas den 12 juni 1935. Skulpturen – eller snarare: skulpturerna – hade avtäckts knappt fyra år tidigare, den 24 september 1931, inför 20 000 åskådare. Då hade projektet pågått i ungefär ett decennium, med stegvis finansiering. Göteborgs-Posten skrev exempelvis den 25 januari 1928 om:

... fullbordandet av Millesfontänen på Götaplatsen med den tilltänkta Neptunusfiguren för 80,000 kr., uppställandet av avgjutningar av antika konstverk i Götaplatsens loggiaöppningar för 10,000 kr., anläggandet av en brunn i Slottsskogen med de Milleska najadfontänerna från utställningen för 5,100 kr., uppsättande av en springbrunn med centralfigur på Olskrokstorget för 12,000 kr. och uppförande av en stenmur kring Härlanda kyrkoruin med planteringar för 11,000 kr.

Det är lite gåtfullt att skulpturen 1928 kallades Neptunus. Neptunus är den romerska varianten av Poseidon.

Inledningsvis fick Poseidon kritik. En del göteborgare tyckte att det var obehagligt med en naken grön gubbe vid Götaplatsens avslutning och inte ens alla Milles supportrar ansåg att den sju meter höga havsguden var vacker. Milles tillstod själv att benen var för långa, men framhöll också att det var den typen av skavanker som hindrade konsten från att bli akademisk och tråkig.

← I september 1949 hade byggnadsarbetet äntligen nått så långt att det var klart för taklagsfest på Park Avenue Hotel. Man kan lugnt räkna med att jublet var minst lika högt i åtskilliga göteborgska direktionsrum. Sällan har ett hotell varit mer efterlängtat. När världshandeln vaknade efter andra världskriget blev det pinsamt tydligt att Göteborg saknade ett storhotell av internationellt snitt. Och inget hotell – inga affärer. Den första förteckningen av aktieägare i hotellprojektet är en vacker inventering av det sena 1940-talets göteborgska näringsliv: SKF, Volvo, Svenska Lloyd, Transatlantic, Broströms …

Hotellet – inpressat i den gamla Lorensbergsparken – stod klart sommaren 1950. De första åren fanns det ingen restaurang. Man räknade väl med att gästerna gick till Lorensberg och åt.

Den berömda matsalen med Evert Taubes målerier och sångtexter tillkom först år 1958. Det händer att gäster försöker sjunga texterna på väggen. Det går inget vidare. Taube ville på intet vis vara slav under sina egna visor och förbättrade eller strök – med självklar rätt – efter eget behag.

↑ Man kan konstatera att 1960-talet var det stora rivningsdecenniet. Periodvis revs större volymer i Göteborg än i Stockholm. Här arbetar Ove Larsson, Åke Andersson och J-L Larsson på Otterhällan. Det är den 17 november 1960 och kranarna på Hisingssidan är halvt osynliga i diset. Otterhällan, som hanterades bryskt under den stora rivningsvågen, har en prominent plats i den göteborgska historien. Berget anses rentav vara den plats där Gustav II Adolf år 1619, enligt legenden, pekade ut var staden Göteborg skulle ligga.

RÖRELSE

RÖRELSERNAS fotografiska historia i Göteborg tecknar bilden av 1900-talsstadens explosionsartade utveckling – från fotgängare och hästar till mopeder och bilar. Men framför allt har Göteborg alltid varit rörelserna kring och i vattenvägarna. Göteborg är broarnas, fartygens och båtarnas stad.

196   → Hisingsbron – och en mångfald av tvåhjulingar med och
utan motor – den 19 juni 1957. När bilden togs hade södra
Hisingen förvandlats från landsbygd till industriområde.
Tusentals arbetare behövde ta sig över älven varje morgon,
och bristen på tillräckliga älvförbindelser började bli
desperat. I väntan på storskaliga lösningar laborerade stor-
varven på Hisingsstranden med egna färjor. Trängseln på
den gamla Hisingsbron från 1874 denna dag berodde alltså
inte på en tillfällig trafikstockning. Den var en del av vardagen.
Problemet löstes hjälpligt först något decennium senare då
Älvsborgsbron och Tingstadstunneln öppnade.

↑ Året är ungefär 1900 och Husargatan i Haga är full av barn. Kvarteren med landshövdingehus möttes av den typ av kritik som nya massproducerade bostadsområden alltid får. De ansågs trista och själlösa. Byggnaden till höger i förgrunden hyser i dag Café Husaren. I bakgrund syns murarna på Kungshöjd.

→ Denna ofta reproducerade bild från år 1901 kallas ibland *Snusgubben* eller *Snusprillan* efter mannen på Basarbron. Det är oklart varför unionsflaggorna flaggar på halv stång. På skyltdockan i Emil Stenbäcks filial anas en typisk sommarklänning för sekelskiftet: hellång och figursydd med mörkt skärp, och de tidigare så dominerande pösiga puffärmarna har smalnat.

CONFECTION EN GROS.

← Fotografen Axel W Olsson tog många miljöbilder av Göteborg – säkerligen emellanåt på uppdrag av stolta affärs-idkare eller företagare. Kanske var hans egentliga ärende här att fotografera Stigbergslidens stolthet: Wettergrens toppmoderna kappfabrik. Men den för eftervärlden intres-santaste delen av bilden är naturligtvis Hisingen och älven i bakgrunden. Dominansen av segelfartyg är anmärknings-värd. När bilden togs – cirka år 1900 – hade den göteborgska handelsflottan ett fem gånger större tonnage under ånga än under segel. Det var under 1890-talet som ångan definitivt fick övertaget. Bilden visar att segelsjöfarten trots allt inte var uträknad.

202

↑ Trakten kring Järntorget har alltid varit den göteborgska arbetarrörelsens centrum. På bilden samlas demonstrationsdeltagare. Det är sensommar 1909 och storstrejk i stora delar av Sverige. Det täta och hopgyttrade kvarteret med ved- och kolupplag och skrädderireklam låg längs Järntorgets norra sida. Det totalförstördes sedermera i en brand 1935. På platsen byggdes sedan det nuvarande Folkets Hus-kvarteret.

203

↑ Anna Backlund (1865–1920) var en av Göteborgs första betydande reportagefotografer. Hon hade uppdrag för bland annat *Hvar 8 Dag* och *Vecko-Journalen*. Hon var också en flitig vykortsfotograf. Hennes fotografier av Göteborgsmiljöer har ofta ett trolskt ljus. Hon hade förmågan att få det växande och bullrande Göteborg att se vackert ut. Här kommer en spårvagn i snön på Victoriagatan. Det är 1910-tal.

205

← Det är Valborgsmässoafton 1914 och den obligatoriska höghjulingen har – liksom på 2000-talet – en självklar plats i chalmeristernas kortege. Dagen före Valborgsmässoafton – den 29 april 1914 – kunde göteborgarna ta del av kortegevägen i *Göteborgs Aftonblad*:

Chalmeristernas sedvanliga cortege afgår från Chalmersska institutet Valborgsmässoafton kl 6 e.m. Cortegen passerar Storgatan, Kungsportsavenyen, Östra, Södra och Vestra Hamngatorna, Nya Allén, Järntorget, Linnégatan, Slottsskogspromenaden, Öfra Husargatan, Sprängkullsgatan, Vasagatan och upplöses vid Chalmers.

Hösten 1926 flyttade Chalmers från de alltför små lokalerna på Storgatan till det nuvarande Chalmersområdet i Landalabergen. Därmed förändrades också kortegevägen.

↑ Ett stånkande flytetyg på 12,5 hästkrafter trafikerade Färjenäs–Klippan mellan 1874 och 1928. Från 1915 bar den officiellt det prosaiska namnet *Färjan 2*. Alla göteborgare kände den under ett annat namn: *Bonnafröjda*. Här syns sommarlediga barn på resa mellan Klippan och sommarutflyktsmålet Fågelro. Bilden är tagen på 1920-talet. Enligt äldre uppgifter fick utflyktsbarnen plantera skog. Göteborgsförfattaren Kjell Hjern konstaterar i bildboken *Ett svunnet Göteborg* från 1964 att detta i så fall måste ha varit mycket länge sedan. Han hittade åtminstone inga före detta Fågelrobarn som kunde minnas att de planterat träd. Färjor gick mellan Färjenäs och Klippan redan innan Göteborg var grundlagt. Det var en linje som var äldre än själva Göteborg. Det krävdes Älvsborgsbron för att få stopp på trafiken. Den sista turen gick 1967.

↖ Föregående uppslag: Packhusplatsen med omnejd 1908.   *209*
De två bekvämlighetsinrättningarna har en uppseende-
väckande placering – mittemot entrén till landshövdinge-
residenset.

← Denna februaridag år 1950 snöar det över några backar
Apotekarnes läsk vid Stenpiren. Det finns fortfarande bruk
för ett ånglok. En lastbil från skrotfirman Wockatz – hemma-
hörande på Marieholmsgatan – står parkerad på sniskan.

↖ Föregående uppslag: Emigrantfartyget *Rollo* lämnar
Packhuskajen i Göteborg. Bilden är tagen cirka år 1900, det
vill säga ganska sent under den svenska emigrationsepok
som under perioden 1850–1930 förde cirka 1,2 miljoner svensk-
ar till USA. För emigranterna var resan med *Rollo* till England
blott en av många etapper. Den första hade kanske gått
med häst och vagn till en lantlig järnvägsstation. I Göteborg
ordnade emigranterna sina resedokument – den officiella
bekräftelsen på att de lämnade Sverige – och efter resan till
England klev de ombord på White Star- eller Cunardlinjens
ångare över Atlanten. I New York fortsatte kanske den långa
resan mot jordbruksmarkerna i Minnesota. Inte alla emigran-
ter nådde sitt mål. En del dog på vägen. En del ångrade sig.
Några kom aldrig längre än till Sillgatan i Göteborg – den
promenadremsa mellan järnvägsstationen och Packhuskajen
som under flera decennier kunde mäta sig med Marseille
eller Rotterdam när det gällde faror och frestelser.

Fotografen, Olga Rinman (1861–1927), var en av Göteborgs
första reportagefotografer. Hon anlitades av veckotidning-
arna *Hvar 8 dag* och *Idun*.

↑ I januari 1929 drog kylan in över hela Nordeuropa och
lamslog färjelinjer och fartyg. På många håll låg kölden
kvar en bit in i mars. Här syns delar av den göteborgska
fiskeflottan översnöad och nedisad i Göteborgs fiskhamn.
Det är den 16 januari 1929.

→ Vintern 1965–66 var den kallaste och snörikaste vintern
i Sveriges historia. Det svenska köldrekordet sattes i Lapp-
land den 2 februari: minus 52,6 grader. Så skoningslös var
inte vintern i Göteborgstrakten, men den räckte för att frysa
in mindre fartyg och båtar. Flygbilden är tagen någonstans
i Göteborgs skärgård år 1965.

← Isbrytaren *Göta Lejon* öppnar farlederna i Göteborgs skärgård i mars 1947. Vintern hade varit smällkall. Ångbåtstrafiken hade varit inställd och periodvis ersatt av biltransporter på isen. *Göta Lejon* var byggd på Eriksberg 1932 och hade två trecylindriga ångmaskiner. Fartyget var en trägen arbetshäst i de skandinaviska isarna fram till en fatal grundstötning vid Svalbard i september 1973.

↑ Det är krigsvinter – februari 1940 – och de svenska kusterna ligger inneslutna i ett skyddande skal av is. Den opraktiska sidan av denna isblockad var att lossning och lastning emellanåt fick ske med sparkstötting.

↘ Nästa uppslag: Ett segelfartyg på väg in i Göteborgs hamn. När bilden togs, den 12 september år 1924, var detta på väg att bli en ovanlig syn. De två stora göteborgska sjöfartshändelserna samma höst vittnar också om en ny tid där segelsjöfarten hade ingen eller liten plats. Några veckor senare – i november – sjösattes Svenska Amerika Liniens oceangående *Gripsholm* i Newcastle. Och precis före årsskiftet invigde Eriksbergsvarvet Skandinaviens största flytdocka.

← Arendalsregattan 1970. Optimistjollarna började synas i svenska vatten ungefär år 1960.

Bulbstäven – den strömlinjeformade utbuktningen i fören – är klart synlig på fartyget i bakgrunden. När bilden togs hade skeppsingenjörer över hela världen gjort systematiska försök med bulbstävar i över ett halvsekel. Men det var först på 1950-talet som konstruktionen var helt accepterad inom den civila sjöfarten.

↑ En fritidsfiskebåt ligger demolerad vid Stenpiren. Alla äldre göteborgare minns stormen den 22–23 september 1969. Konsekvenserna var oerhörda. Göteborg blev till stora delar strömlöst. Telefonerna slutade att fungera. Glasrutorna blåstes ut i Torslanda flygtorn. Älvsborgsbron började gunga och måste stängas av. Spårvagnar och tåg stod stilla. En vindmätare i Torslanda uppmätte 37 meter per sekund, sedan gick mätaren sönder. Feskekörka och Masthuggskyrkan förlorade delar av taken. I Slottsskogen förstördes 1 247 träd – de som inte knäcktes rycktes upp med rötterna. I Hjällbo flög en hundkoja i väg med – enligt GP – »en schäfer och en annan jycke«. Industrierna stod stilla i flera dagar. Volvo, SKF och varven skickade hem tusentals arbetare.

Skadorna summerades slutligen till ungefär en halv miljard i dåtidens penningvärde. Åtta personer omkom.

↑ Stormen drar över hamnen i Långedrag den 10 oktober 1923. Detta göteborgska höstväder var en riksnyhet. Dagen därpå rapporterade *Svenska Dagbladet*:

Stormen började redan i natt och vid ½ 5-tiden på morgonen hade den nått fullständig orkan. Då registrerades vid Klippan 34 sekundmeter, vilket torde vara den högsta vindhastighet, som förekommit där, sedan mätaren uppsatts. På morgontimmarna sjönk hastigheten åter, men den var dock aktningsvärd nog under hela dagen. Ännu vid 5-tiden på eftermiddagen avlästes 20 sekundmeter.

Frampå kvällen mojnade vinden. Även om man icke känner till de av vindmätaren registrerade siffrorna, kunde man dock konstatera, att stormen var en av de våldsammaste, västkusten haft känning av på länge. Redan i natt och under hela dagen sletos massor av tegelpannor och plåtbitar loss från taken och slungades ned på gator och gårdar. På flera håll ha träd brutits av, och på Norra Hamngatan blåste en gatlykta ned och ett liknande missöde rapporteras från Majorna.

221

↑ Marstrandsbolagens trotjänare *Albrektsund* kan antas
ha fått några törnar mot Stenpiren denna stormiga dag på
1920-talet. Denna ångare med 290 hästkrafter – byggd på
Kockums i Malmö år 1890 – gick vanligen turen Göteborg–
Marstrand–Skärhamn–Mollösund–Gullholmen–Fiske-
bäckskil–Lysekil–Malmön–Gravarne. I bakgrunden syns
legendariska Hotell Garni på Skeppsbron. *Albrektsund*
sjönk till slut – men inte förrän den 9 mars 1967.

223

← Oktober var den stora flyttmånaden. Här syns lassen på Aschebergsgatan den 1 oktober 1923. Det var en höst full av händelser i Göteborg. Svenska mässan hade öppnat för första gången, flygplanen hade börjat lyfta från Torslanda och en ny rikskabel gjorde det mycket lättare att ringa till Stockholm. Den enda göteborgska missräkningen – och ett synnerligen tänkbart samtalsämne denna dag på Aschebergsgatan – var möjligen att Gais var på väg att förlora den svenska mästerskapstiteln till AIK.

↑ Under flera decennier rodde Karl Alfred Andersson sin lilla personfärja – av göteborgarna känd som *Kalles färja* – mellan Fisktorget och Pustervik. Enkel resa kostade ett öre. År 1916 bröts flytetyget sönder av isen. Bilden är tagen 1909. Till vänster i bild syns naturligtvis Feskekörka. Byggnaden till höger är i dag okänd för de flesta, men var i början av 1900-talet nästan lika känd som Feskekörka, åtminstone bland fiskälskarna. Det är Hulda Sköldbergs fiskaffär. Hon hade börjat som tolvåring med en enkel fiskvagn och avancerat till att bli Göteborgs ledande fiskhandlare. År 1920 utnämndes hon till kunglig hovleverantör. Hon var en lokal kändis och ett självklart ämne för Karl Gerhards revyer.

↑ Pojkar bär cyklar uppför trappor som leder till Naviga-
tionsskolan på Kvarnberget. Det är den 13 februari 1939.
En kvalificerad gissning är att pojkarna är elever i Praktiska
Mellanskolan som öppnade på Kvarnberget år 1938.

→ Postgatan 1942. Emigrantströmmarna från järnvägssta-
tionen till Packhusplatsen var historia. Postgatan hade blivit
ganska lugn. Det innebar inte att den var immun mot milt
trafikkaos. Ett spår av emigrationsepoken kan anas i skylten
»Hotell Sweden«. Namnet Postgatan är egentligen en
underlighet. I slutet av 1800-talet ansåg oroade handlare att
namnet Sillgatan hade en så besvärande klang av allmänna
dåligheter att man begärde ett namnbyte. Från 1895 kom
gatan att heta Postgatan. Annars har denna centrala gata
genom hela Göteborgs historia – och på de olika språk som
göteborgare har talat – alltid hetat Sillgatan i olika varianter:
Häringzgathun, Heringsgatan, Sillegathon och Sillegatan.

← Det är den 23 juni 1934 och en lastbil från företaget Gö-
teborgs-IS AB står påpassligt på plats för att bistå resenärer
att kyla dryckerna. Båtar från Träpiren var på 1930-talet fort-
farande det gängse färdmedlet för att ta sig ut i skärgården
från Göteborg. Så länge vattenvägarna dominerade låg orter
som Mollösund och Marstrand ganska centralt. Det var först
med biltrafikens slutliga genombrott – bland annat genom
stora vägbyggen på 1940-talet – som dessa gamla orter slung-
ades ut i periferin. Men vid midsommar 1934 rådde ännu
trängsel med picknickkorgar och isad pilsner vid skärgårds-
båtarna. Det var en ovanligt varm midsommarhelg. *Svenska
Dagbladet* sammanfattade, måhända en smula överdrivet,
det riksomfattande intrycket den 25 juni 1935:

*Inte på femton år ha vi haft en så varm och vacker mid-
sommarhelg som i år. Med all sannolikhet ha vi ej haft
det tidigare heller.*

↑ Vegamössa på, käppen i hand och en bekväm lutning mot
pållaren. Fotografen fångade detta genuina göteborgska
ögonblick i augusti 1951. Skärgårdsbåten passerar Götaverken.
Götaverken var vid denna tidpunkt sedan flera decennier ett
av världens största skeppsvarv – vid något tillfälle hade man
rentav innehaft förstaplatsen på de listor över tonnage som
regelbundet sammanställdes i pressen. Men bilden ger ock-
så en antydan om Götaverkens problem. Det började bli för
trångt att bygga de allt större fartyg som rederierna krävde.
I slutet av 1950-talet började man flytta jätteprojekten till den
nya anläggningen i Arendal.

↑ Här har pressfotografen Thure Christiansson fångat trafikmyller och väntan vid Stora Bommens svängbro – den bro som Paddanresenärerna har lärt sig att kalla Osthyveln. Året är 1936. Firman Tycho Roberg, vars bil syns i förgrunden till höger, var ett av Göteborgs största speditionsföretag och hade sitt kontor på Skeppsbron – det vill säga bara några meter utanför bild.

→ Denna bild i TT:s arkiv är odaterad, men bilarnas utseende tyder på att det är 1930-tal. Hisingsbron var en 175 meter lång svängbro mellan Lilla Bommen och Kvillebäcken som tillverkats på Eriksbergs varv och öppnats för trafik år 1874. Den var inte byggd för en storstads behov – och än mindre för biltrafik. Redan när bilden togs var den alltså hopplöst föråldrad, men den revs för säkerhets skull inte förrän i april 1968, några veckor efter Tingstadstunnelns invigning.

↖ Föregående uppslag: Masthuggskajen vid skjul 32 är full
av bomullsbalar. Andra världskriget präglade handelsstaden
Göteborg. Fotografiets datering underlättas av fartyget
vid kranarna. Svenska Lloyds *Bothnia* hade år 1930 byggts
för Stockholmsrederiet Sveas räkning på Finnboda Varf i
Nacka. Hon hette då *Wirgo* och hade en trecylindrig trippel
ångmaskin. I februari 1940 gick hon i konvoj genom Åbolands
skärgård, bombades av ryskt flyg och sjönk utanför Gärsö.
Efter bärgning på 27 meters djup såldes hon i början av 1942
till Svenska Lloyd som gav henne namnet *Bothnia*. Senare
samma år blev *Bothnia* upplagd i Malmö. Bilden från Göte-
borgs hamn måste alltså vara tagen år 1942.

↑ En bil av märket Hudson har krockat med en båt i Rosen-
lundskanalen bredvid Feskekörka. Bilolyckor är aldrig trev-
liga evenemang, men kanske ansågs denna olycka vara mer
bisarr än obehaglig. Åskådarna ser i alla händelser snarare
roade än oroade ut. Året är 1956.

→ Guiden har den rätta snitsen på både solglasögon och
mikrofon när Paddanbåten passerar Drottningtorget. Året
är 1952. Paddanbåtarna har trafikerat vallgravarna och kana-
lerna sedan 1939. För generationer av turister har guidernas
berättelser – emellanåt på tre språk – varit den huvudsakliga
källan till Göteborgs historia.

235

← Fotografen Erik Liljeroth var en av det svenska 1900-talets dominerande stads- och landskapsfotografer. Han var hovfotograf för Gustaf VI Adolf och svarade för fotografier i över hundra böcker. Hans enorma arkiv – ungefär en halv miljon bilder – finns i dag på Nordiska museet. I början av 1950-talet dokumenterade han alltså Göteborgs centralstation.

↑ Datumet är obekant, men klockan är 19 minuter över 12 och året är troligen 1952. Vid Centralens buffé tar resenärerna ett bloss och ett glas öl. Denna äldsta del av Göteborgs centralstation – öppnad redan år 1858 – var ursprungligen banhall. Ångloken körde rakt igenom byggnaden och släpade den svarta kolröken med sig in. Inför 1923 års jubileumsutställning förvandlades banhallen till vänthall.

↑ Det är en trivial händelse: ett bildäck kontrolleras någon-stans i Göteborg den 18 oktober 1928. Men den okända foto-grafen har med hjälp av ficklampans sken skapat en stäm-ning som nästan för tankarna till Caravaggio. Visserligen var 1920-talet bilismens första genombrottsdecennium i Sverige. Antalet registrerade bilar ökade från ungefär 20 000 år 1920 till 100 000 år 1930. Göteborg var dock länge en spårvagns-stad. Det skulle dröja ända till 1950-talet innan bilismen i Göteborg på allvar påverkade stadsutvecklingen.

→ Januarinatt på Tyggårdsgatan i korsningen Postgatan år 1938. Tyggården är en äldre beteckning för Kronhuset. Eric Cederbourg – verksam på 1700-talet och ofta betraktad som Göteborgs förste stadshistoriker – framhåller att berg-knallar låg i vägen och att det vid anläggningsarbetet efter stadsbranden 1669 var mycket besvärligt att få Tyggårds-gatan jämn.

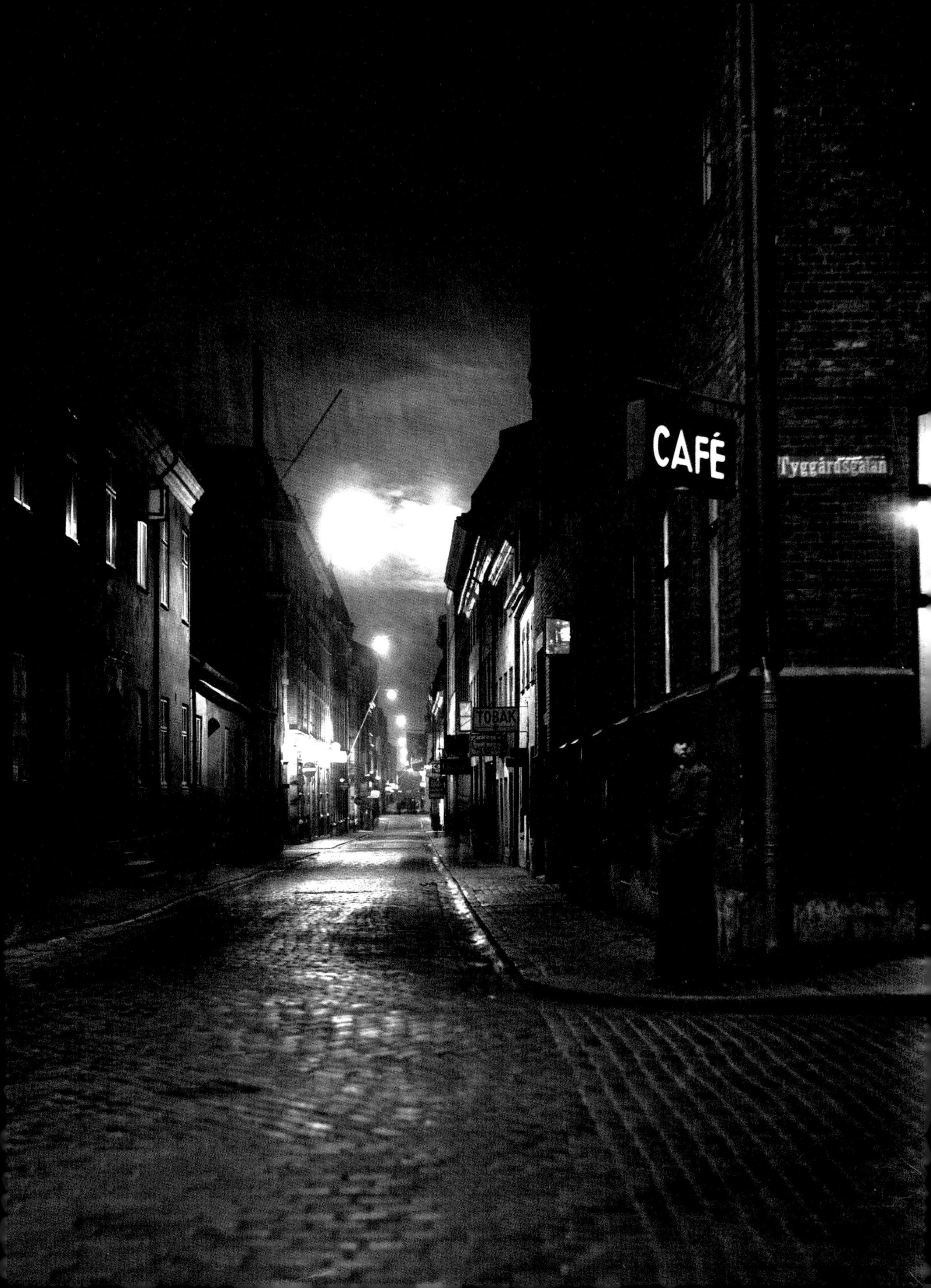
CAFÉ
Tyggårdsgatan
TOBAK

↑ Fotograferna har alltid älskat att stå på Storans tak och fotografera ner mot vallgraven och Kungsportsplatsen. I detta fångade ögonblick väntar spårvagnar, bussar och bilar snällt medan ett fackeltåg kommer längs vallgraven och svänger i riktning mot Avenyn. Det kan vara tidigt 1950-tal. En gräns för dateringen ges av neonskylten för försäkringsbolaget Svea-Nornan – bildat vid årsskiftet 1950–51 – på Kungsportsplatsen.

239

↑ Göteborgs Motorklubb arrangerar nattorientering i september 1946. För en nutida betraktare är det anmärkningsvärt att deltagarna inte bär hjälm. Men hjälmen var ingalunda självklar på 1940-talet. Några månader tidigare hade klubben fått erfara just detta. *Aftonbladet* rapporterade den 15 april:

En karl uniformerad som nazist och farande som ett yrväder på en motorcykel i Kungälv och andra trakter norr om Göteborg var nog ingen nazist utan förmodligen en funktionär vid de tävlingar som Göteborgs motorklubb höll i just de trakterna. I varje fall tror polisen i Kungälv att det

förhåller sig på det sättet då AB hör sig för om »nazisten« som väckt ett visst uppseende. Funktionären har troligen varit ute på inspektion utefter banan tror polisen, och den tyska stålhjälm som iakttagarna sett har varit en störthjälm och armbindeln, där man trott sig upptäcka ett hakkors, en vanlig funktionärsarmbindel.

Allmänheten har alltså tolkat synen av en motorcyklist med hjälm som en nazist, uppenbarligen i tron att enbart nazister bär hjälm på motorcykel. I ljuset av sådan besvärande publicitet ter sig bildens hjälmlösa motorcyklister helt naturliga.

↖ Föregående uppslag: Göteborgs fotografer klagar ibland
över att den berömda dimman är svår att fånga på bild. Men
denna novemberdag år 1928 vid Packhusplatsen lyckades
någon fånga det trolska skimret.

→ Smal och kanjonlik tedde sig Stigbergsliden. I slutet av
1950-talet revs ett par hus, vilket breddade gatan från tio till
trettio meter. Detta sällsynta foto på den gamla flaskhalsen
– med lastbilar, spårvagnar, cyklar och personbilar på samma
yta – togs den 2 juni 1955.

Under nästan hela Göteborgs historia har Stigbergsliden
dragits med trafikproblem. Redan på 1600-talet klagade
amiralitetet över att det var omöjligt för sjöfolket att vandra
över denna led som var »så slem och djup att den nästan
omöjligen kan gås«. På 1700-talet gjordes aktningsvärda
försök med sprängning och utjämning. Det hade en närmast
symbolisk betydelse att den första spårvagnsresan i Göte-
borgs historia – hästspårvagnspremiären den 24 september
1879 – gick fram till Stigbergslidens början: hit men inte läng-
re. Sedan fick hedersgästerna gå uppför backen, till förfrisk-
ningarna på Henriksberg. Först med de elektriska spårvagnar-
na år 1902 upphörde Stigbergsliden att vara ett hinder.

↑ Nog är det något skumt med denna dramatiska reportage-
bild från en trafikincident på Götaplatsen. Ja, allt var blott
noga arrangerad teater när Göteborgspolisen och Cykel-
främjandet ordnade en uppvisning i trafikvett (och ovett)
den 9 maj 1943.

→ Bilar som rullar ner i någon av Göteborgs kanaler är en
återkommande och inte så sällan fotograferad incident.
Men denna malör den 28 september 1928 bör kunna vara
själva urhändelsen.

↘ Nästa uppslag: Göteborgare vid Packhusplatsen följer
en partiell solförmörkelse den 8 april 1921. De flesta tycks
ha tagit till sig pressens varningar, till exempel *Göteborgs
Dagblads* instruktion av den 7 april:

*Tilldragelsen betraktas lämpligen genom sotade eller
mycket mörkfärgade glas. Annorlunda färgade glas böra
ej användas, och att utan att ögonen äro skyddade genom
mörka glas vända blicken mot solen är högst riskabelt.*

249

← Tre damer, tre hattar, tre handväskor och en lite för smal bänk på Götaplatsen. Året är 1952. I bakgrunden syns Carl Milles skulptur *Danserskorna*. Det hade ursprungligen funnits fromma förhoppningar om att de stora kulturbyggnaderna och den konstnärliga utsmyckningen på Götaplatsen skulle ha varit klara till Jubileumsutställningen 1923. Så blev det inte. Det dröjde till en god bit in på 1930-talet innan Stadsteatern, Konserthuset och *Poseidon* kunde invigas. Och *Danserskorna* anlände i princip samtidigt som de tidningsläsande damerna, sommaren 1952.

↑ I april 1959 håller trafikpolisen kurs i trafikvett i Slottsskogen. Naturligtvis råder vänstertrafik. Pojken med kepsen torde bryta mot flera trafikregler. I banan i Slottsskogen syns också en nyhet som med tiden skulle bli ett självklart trafikinslag i Sverige: tecknaren Kåge Gustafssons skylt »Herr Gårman«. Den skulle, i viss konkurrens med älgvarningstriangeln, bli skylttecknaren Gustafssons mest kända alster.

↑ Ett svårtolkat ögonblick vid Kungsportsplatsen. En regnrock full av teckningar och textade budskap om rock'n roll, ett fascinerat barn i sydväst och en man som har köpt campingutrustning av fabrikatet Stiga. Känner de varandra? Innebär de opraktiska sandalerna att de har överraskats av regnet? Ingenting ter sig riktigt säkert i denna bild. Inte ens årtalet är glasklart, arkivnoteringen anger »troligen 1957«.

→ Se vänster, manade texten i asfalten i samband med högertrafikomläggningen. Det kunde behövas. Den 3 september 1967 måste Göteborgs fotgängare lära sig att bryta de gamla vänstertrafikvanorna när övergångsställena skulle korsas. Högertrafikomläggningen – skiftet från vänster- till högertrafik – var ett nästan ofattbart stort trafikplanerings-projekt. Bara i Göteborg byttes ungefär 20 000 vägmärken. Nästan alla spårvagns- och busshållplatser fick byggas om.

← Kungsgatan 1973. Kanske är pappan med barnvagnen mitt på Kungsgatan ett tecken på att den nya tiden nalkades. Bilden är tagen år 1973 – och föräldraförsäkring för pappor infördes år 1974. Det hoptryckta perspektivet fångar ett rejält stycke av Kungsgatan – från Ströms i hörnet vid Västra Hamngatan till konditoriet Bräutigams (med det karaktäristiska burspråket) i förgrunden till höger. I bildens mitt skymtar biografen Victoria, som låg på Kungsgatan 46, och denna vecka visades *Kärlek börjar med kast* – en komedi med George Segal och Glenda Jackson.

↘ Nästa uppslag: En kolpråm tycks ha fastnat under Fontänbron i Östra Hamnkanalen intill Gustaf Adolfs Torg. När bilden togs – den 22 mars 1924 – var detta den sista återstående delen av de gamla sidokanalerna från Stora Hamnkanalen. Västra Hamnkanalen, som under slutet av 1800-talet plågat göteborgarna med sin allmänna stank, hade fyllts igen 1903–1905. Östra Hamnkanalens södra del (från Brunnsparken mot Kungsportsplatsen) hade schaktats igen år 1899. Kanalen på bilden lades igen år 1936. Men ännu på 1920-talet användes alltså kanalen som transportled. På senare år har Göteborgspolitikerna försiktigt vädrat tanken att eventuellt åter öppna denna vattenled mot Lilla Bommen.

NÖJE & KULTUR

SKILJER sig det göteborgska kultur- och nöjeslivet från det rikssvenska? Ja, kanske är den göteborgska kulturen lite varmare, lite burleskare, lite mindre ironisk. Frågan får lämnas öppen. Helt säkert är att det göteborgska kulturlivet är brett och brokigt, fullt av branta blandningar – och kanske emellanåt en smula obegripligt för icke-göteborgare. Och naturligtvis är Göteborg fotbollens huvudstad.

258 → Fullsatt – nästan – på Trädgårdsföreningens kafé den 7 maj 1935. De runda arrangemangen på varje bord är askfat. Nästan ingen är barhuvad. Studenterna bär vita mössor. Trädgårdsföreningen är en av Sveriges äldsta offentliga parker – grundad år 1842, samma år som hjulångarna började gå mellan Göteborg och London. Anton Franz Töpel, en trädgårdsmästare från Saxen, värvades till Göteborg för att bygga parken. Om honom skrev sedermera Viktor Rydberg i *Göteborgs Handels- och Sjöfarts-Tidning*: »Han bidrog till parkens anläggning, väl icke med penningen, men med det skapande skönhetssinnets högre makt.« Töpel behövde i verkligheten all tänkbar tillgång till både penningar och högre makter, för Trädgårdsföreningen visade sig ligga på ren lera. Det var besvärligt de första decennierna. Restaurangen öppnade 1887. Sedan dess har det – i princip, med små variationer i modet och i glasen – sett ut ungefär som på fotografiet.

← Lärare Sjöholm med elever på skolutflykt i Långedrag   *261*
den 31 maj 1912. Barnen uppvisar en fin kollektion av samtida
kläder och huvudbonader – däribland en sjömanskostym
och två magnifikt stora halmhattar. Lorents Gottfrid
Sjöholm blev med tiden en central person i den göteborgska
skolvärlden. Han skrev läroböcker och utbildade lärare.
Han avled så sent som 1970.

262 → Regatta med Göteborgs Kungliga Segelsällskap i Långe-
drag den 5 augusti 1912. GKSS – inledningsvis utan kungligt
K i namnet – hade kommit i gång redan i augusti 1860. Säll-
skapet lyckades år 1862 hyra två övernattningsrum hos en viss
Isak Johansson i Långedrag. Det var annars problematiskt
avlägset från Göteborg i en tid före bilar och spårvagnar.
Den i övrigt okände Johansson räddade därmed Långedrags
plats som seglingens göteborgska centralpunkt. De första
femton åren kivades Göteborgsseglarna om huruvida man
måste segla sin egen båt vid kappsegling. Några av deltagarna
föredrog att hyra in yrkessjöfolk. Sedan satt de med cigarr i
mun och följde tävlingen från land. År 1876 infördes regeln
att man måste vara ombord på båten för att få delta i kapp-
segling. Vid sekelskiftet hade reglerna satt sig. Kappseglingen
började bli internationell, två gamla fartygsskorvar sänktes
som vågbrytare i Långedrag, konkurrerande föreningar dök
upp – till exempel Segelsällskapet Fram som hade en mer
arbetarbetonad profil – och snart var det omöjligt att hålla
reda på alla cirkulerande regattapokaler: Trindelkannan,
Orustpokalen, Kattegattpokalen, Öresundspokalen, Drak-
skeppspokalen, Skärgårdskryssarpokalen, Vingatornet …

↑ Flickor badar – och fiskar? – i Billdal någon gång mellan 1915 och 1918. Fotografier och gladlynta tidningsnotiser från krigsåren – om kappseglingar, årets första svala och fotbollsmatcher – förmedlar ofta ett ganska sorglöst intryck av att världskriget var något som pågick i fjärran. I praktiken var det inte så långt borta. Bland badklipporna på den svenska västkusten flöt drunknade tyska och brittiska flottister iland. Sådana omskakande incidenter inträffade framför allt efter Skagerackslaget, sommaren 1916. Ibland flöt offren in i korrekt uniform, och i fickorna hade de nyckelknippor och plånböcker med uppblötta bilder på blondiner i Bremerhaven eller Newcastle.

→ Läkaren Jonas Henrik Allard organiserade badresor för barn. Baden ansågs ha en allmänt hälsobringande effekt. Man hoppades också att bad skulle förebygga tuberkulos. Här plaskar doktor Allards »badbarn« i Askimsviken den 7 augusti 1923.

Bilden kan sägas täcka hela spektrat av badkläder – från tunga randiga heltäckande dräkter och badmössor via badbyxor till inga badkläder alls. Bikinin var inte uppfunnen än.

← Fyra herrar på badutflykt år 1917. Bilden ger en fin inblick i en gentlemans inre garderob: hängslen, strumpeband och högt uppdragna svarta strumpor. Mannen längst till vänster råkar förresten gestalta en av de äldsta Göteborgsvitsarna: den som dricker direkt ur flaskan håller på etiketten.

↑ Naturligtvis visar bilden en tjuvstart. Den 31 juli 1924 arrangerades simtävlingar i Långedrag. Man kan räkna med att publiken inte trängdes för att se lokala förmågor. Arne Borg, nyligen hemkommen från de olympiska spelen med tre medaljer, var naturligtvis det stora dragplåstret. *Göteborgs-Postens* refererat dagen därpå låter antyda en lätt besvikelse:

Arne Borgs attack mot rekordet misslyckad. Men två man gingo under svenska rekordet i 500 meter bröstsim vid tävlingarna i går ... Arne drog genast från sällskapet, och blott brodern Åke följde med i sprinterfarten – precis som man väntat. Holger Arvidsson sackade efter redan från början.

Farten hölls hård hela loppet, men världsrekordet stod sig. Det fattades 2,2 sekunder.

Arne Borgs tid blev 5:06,9. Jämförelser med dagens tävlingstider i bassäng med perfekta förhållanden är förstås meningslösa.

Sedan »följa Jan« lekts en stund, spelades det vattenpolo. Det vill säga Arne och Åke Borg spelade. Arne drog upp bollen och gav Åke den f. v. b. till målburen. Det blev c:a ett halvt dussin mål och hade blivit mer om ej Åke Borg haft ont i benet och måst gå upp.

↑ Tävlingssimningar vid Saltholmen den 10 juli 1937. Redan på 1920-talet byggdes en simstadion på Saltholmen med plats för nästan tusen åskådare. Men den underligaste sim-historiska meriten svävar över kallbadhuset och varmbad-huset från 1908. De byggdes av det simlandslag som hade uttagits till os i London samma år. Badhusen i Saltholmen bör vara de enda byggnaderna i Sverige som egenhändigt har snickrats av ett olympiskt landslag.

↘ Nästa uppslag: Herrar badar nakna vid Saltholmen den 25 april 1940. När nakenbadkulturen dök upp i Sverige under decennierna runt sekelskiftet 1900 var det en naturlig följd av 1800-talets bad- och vattenbehandlingar – där badorter och kurorter gärna kombinerades och där tångbad i träkar kunde ordineras av badläkare. Så småningom gled badbe-handlingarna över i friluftsbad och en mer allmän hyllning till de hälsobringande effekterna av sol, vind och vatten på en så stor del av människokroppen som möjligt. Solbrun hud fick hög status. De spänstiga och nakna herrarna på Salt-holmen verkade alltså – medvetet eller omedvetet – inom ramen för en internationell hälsotrend som år 1940 hade pågått i bortåt hundrafemtio år.

↑   Badpicknick i Skarvik på Hisingen – det vill säga mitt i
den nuvarande oljehamnen – kring midsommar 1936. Havs-
badet som familjerekreation spreds i slutet av 1800-talet från
societetsmiljöerna i exempelvis Marstrand till gradvis allt
fler svenskar. I någon mån sammanfaller denna badandets
demokratisering med de sociala framstegen, ty en badpick-
nick kräver inte blott midsommarväder utan också fritid.
Det mesta i bilden är tänkbart på 2000-talet. Blott en detalj
– så vanlig på 1930- och 40-talen – placerar tveklöst bilden i
en fjärran tid: kaffedrickande barn.

273

↑ Det finns fortfarande äldre göteborgare som minns de
karaktäristiska ljuden av Träpiren vid Skeppsbron. Det
kluckade, knarrade och klapprade om denna träbrygga
som byggdes 1922 (och revs 1954) för att avlasta den ökande
skärgårdstrafiken från Stenpiren. Här är det midsommar 1928
och picknickkorgarna och väskorna är välpackade inför en
helg i skärgården. Man nästan hör hur damernas välputsade
pumps dundrar i plankorna.

← Inget barn har väl någonsin använt det officiella namnet
Älvsborgsdammen. Generationer av göteborgare känner
anläggningen vid Älvsborgsgatan i Kungsladugård som
Plaskis. Bassängen, som på 2000-talet sköts av fritidsför-
valtningen, är drygt 1 000 kvadratmeter stor och fylls med
max 25 centimeter vatten. Det går åt 200 000 liter för att
fylla den. Bilden är tagen den 26 juni 1935.

↑   Här spelar den 77-årige Gustaf V tennis i Särö i juli 1935. Platsen var väl vald. Sommaren 1879 spelades tennis för första gången i Sverige på Prytzens äng i Särö. Den första göteborgska tennisentusiasten tycks ha varit arkitekten Johan August Westerberg som varit i London och där skaffat sig »tennisattiralj«. Några år senare arrangerades tävlingar. År 1890 öppnades dessa tävlingar för damspelare. I denna första helt öppna tävling föll fröken Maria Svensson mot Sven Lindhé i finalen. Fröken Svensson var alltså vid denna tidpunkt en av Sveriges bästa tennisspelare bland män och kvinnor.

Göteborg har en ganska glamorös tennishistoria – från 1940-talets Alva Björk (15 SM-titlar) till Anders Järryd och Magnus Gustafsson. Den mest mystiska tennisstjärnan i Göteborgs tennishistoria är den legendariska Allan Thorén. Han nöjde sig med att spela små sommarturneringar på västkusten. Om han skulle spela mot världseliten fick denna

världselit komma till Sverige. Ett sådant möte arrangerades 1926 då fransmannen Henri Cochet lockats till Särö. Cochet vann Franska öppna mästerskapen 1926 och Wimbledon 1927. Däremellan for han till Sverige för att spela mot Allan Thorén i Särö. Thorén vann.

→   Eric Lemming var en av Göteborgs första idrottsstjärnor. Han var en gentleman som spelade piano och konverserade i salongerna. Han var en sportslig mångsysslare av den typ som var så vanlig i idrottsrörelsens barndom. Han tog tre eller fyra olympiska guldmedaljer (beroende på om man räknar tävlingarna i Aten 1906 som OS) i spjutkastning och 25 SM-guld i spjutkastning, kulstötning, diskus, släggkastning och stavhopp. Hans stora ögonblick var spjutguldet i Stockholm 1912. Efter idrottskarriären blev Lemming chef för Göteborgssystemet – en föregångare till Systembolaget.

↖ Föregående uppslag: Kamp om guldet vid friidrottstäv-
lingarna på Slottsskogsvallen den 13 september 1939. I de
historiska arkiven är informationen om kvinnliga idrottare
ofta bristfällig. I det här fallet framgår varken tävlingen eller
de tävlandes namn av arkivposten.

Både Slottsskogsvallen och Göteborg var annars betydel-
sefulla begrepp inom den tidiga damidrotten. På Slotts-
skogsvallen hölls de andra internationella kvinnospelen
– också kallade Damolympiaden – den 27–29 augusti 1926.
Den första damolympiaden hade hållits i Paris 1922. Tävling-
arna på Slottsskogsvallen blev ett tidigt göteborgskt publikt
genombrott för kvinnoidrotten. Kanske vågar man gissa att
någon av kvinnorna i 1939 års spurt hade suttit i publiken
tolv år tidigare.

↑ Starten går i GT:s cykeltävling den 27 maj 1923. Den
göteborgska cykelsporten fick ordentlig propagandahjälp av
GT-redaktören Gillis Ahlberg som dessutom var ordförande
i den tongivande Örgryte Velocipedklubb. GT-tävlingarna
lockade årligen tiotusentals åskådare utmed banan, som
gick söderut, till Mölndals kråka och sedan tillbaka till
Göteborg via Kallebäck. Det allmänt ökande intresset ledde
till att nya lokala cykelklubbar startade. I bakgrunden syns
den blott tretton år gamla Annedalskyrkan som fortfarande
– eller redan – är omgiven av byggnadsställningar.

↑ Gunder Hägg främst, tätt följd av Arne Andersson, på Slottsskogsvallen den 1 juli 1942. Dagen därpå dominerades *Göteborgs-Postens* förstasida inte bara av världskriget utan också av nyheten om världsrekord på den engelska milen:

Trots krig, trots politisk högspänning och andra första-sidessaker får telegrammet med Göteborg som avsänd-ningsort plats i de stora världsbladen. Det innehåller att svensken Gunder Hägg vann den stora duellen med Arne Andersson knappt men klart på 4.06.2 eller två tiondelar under det gamla världsrekordet som var 4.06.4. Exakt denna tid fick Arne Andersson.

Loppen med Gunder Hägg och Arne Andersson hör till den svenska friidrottshistoriens klassiska tvekamper. För göteborgarna var frågan extra angelägen, ty Arne Andersson företrädde Öis. Hägg var naturbarnet som tränade i skog-arna och emellanåt återvände till civilisationen i fantastisk

form. Han hade ett lätt och mjukt löpsteg. Arne Andersson betraktades som en slitvarg och träningsprodukt.

Under perioden 1941–1945 satte de tillsammans 20 världs-rekord. Kort efter kriget avstängdes de på livstid för brott mot amatörreglerna.

Men denna kväll på Slottsskogsvallen brydde sig ingen om eventuella kuvert med kontanter.

Världsrekordet på Slottsskogsvallen var inledningen på den ofattbara formtopp som emellanåt kallas »Gunder Häggs 80 dagar«. Fram till och med den 20 september satte han tio världsrekord, däribland ytterligare ett nytt rekord på engelska milen. Strängt taget var det 82 dagar.

Kvällen på Slottsskogsvallen i Göteborg var alltså inled-ningen på en period då Gunder Hägg i princip satte ett världsrekord i veckan.

↑ Bilden är tagen på Gamla Ullevi i september 1924 – den allra första allsvenska säsongen – och det är inte alldeles uppenbart vilka Blåvitt spelar mot. Däremot är det uppenbart att scenen är ganska typisk för 1924. Ty bilden skildrar ett synnerligen rörigt straffområde. Man bör bland annat notera att spelaren närmast målet inte är målvakten. Målvakten ligger på rygg längre ut i straffområdet. Själva orsaken till denna röra är naturligtvis Blåvitts forward, den mörkt krullige mannen med utsträckta armar: »Svarte Filip«. Han orsakade många röriga straffområden detta år. Filip Johansson (1902–1976) är väl jämte Bertil »Bebben« Johansson och Torbjörn Nilsson den mest legendariske blåvite spelaren, med skillnaden att sagorna om Svarte Filip har haft ytterligare några decennier på sig att blomma. Följaktligen kan

man höra äldre fotbollssupportrar på allvar hävda att Svarte Filip med sina 48:or sköt så fruktansvärt att nätet i målburen sprack eller ribban knäcktes. Sådana berättelser är möjligen lika sanna som detaljen om skostorleken (det var egentligen storlek 45).

Kalla fakta är fullt tillräckliga för att göra Svarte Filip (namngiven efter sin bångstyriga mörka kalufs och möjligen också efter mördaren Svarte-Filip Nordlund som avrättades år 1900) intressant. Han värvades till Blåvitt från Fässberg, efter ett kort mellanspel i Trollhättan, inför den första allsvenska säsongen 1924. Svarte Filip missade visserligen första matchen, men sedan satte han i gång. Han vann skytteligan med 39 mål. Det är ett snitt på 1,87 mål per match. Man kan lugnt hävda att det aldrig kommer att slås.

↑ IFK Göteborg på Valhalla Idrottsplats den 21 maj 1916.
Tredje man från vänster – i mustasch – är Erik Börjesson, en
av Blåvitts första storstjärnor. Han har gått till fotbollshistorien bland annat för sitt deltagande i den allra första svenska
landskampen. Den utkämpades på Levgrens äng i Göteborg
– det vill säga där Ullevi sedermera byggdes – den 12 juli 1908.
Sverige besegrade Norge med 11–3. Börjesson gjorde fem mål.

← En majdag 1955 möttes IFK Göteborg och Gais på Gamla Ullevi inför över 30 000 åskådare. Det var en tid när ståplatspubliken fortfarande framträdde i slips och kostym. Främst springer Blåvitts målvakt Henry Andersson.

 BK Häcken besegrar Lunden med 4–2 – och stärker sin ledning i division 3 – den 6 maj 1950 på Ullevis träningsplan. På bilden syns Rune »Silla« Sellén i ett målfarligt läge. Sellén gjorde ett av målen i matchen. I början av 1950-talet började göteborgarna på allvar intressera sig för detta Hisingslag som hade startats av några tonårspojkar i augusti 1940 och som bara elva år senare nådde den näst högsta serien. År 1953 var man rentav ytterst nära att bli ett allsvenskt lag. Klubbnamnet kommer sig av den långa häck som jämte några kastanjeträd växte vid Tunnbindaregatan. Häcken har under 2000-talet i allt högre grad framträtt som en ledande Göteborgsklubb. En viktig orsak till framgångarna – både sportsligt och ekonomiskt – är de intäkter och internationella kontaktytor som BK Häcken får som arrangör av ungdomsturneringen Gothia Cup.

← IFK Göteborgs Bertil »Bebben« Johansson filosoferar vid
hörnflaggan i matchen mot Sundsvall den 17 oktober 1965.
Blåvitt vann med 2–1. Det verkar ha varit en genuint tråkig
match. Inte ens sportjournalisterna orkade arbeta upp någon
större entusiasm. Så här skrev *Göteborgs-Posten* dagen därpå:

*Massor av spelarskador samt en plan som mer liknade
en åker än allsvensk matcharena kom att verksamt bidra till
att göra mötet Kamraterna–Sundsvall till en föga attraktiv
fotbollsunderhållning … Till de piggare i IFK-elvan hörde för
dagen också »Bebben« Johansson, som ganska respektlöst
valsade runt med sina motståndare och särskilt i första halv-
lek låg bakom flera strålande frispelningar av Björn Ericsson.*

Ja, det verkar ha varit en grå fotbollsdag. Men just denna
dag råkade alltså också vara den då GP-fotografen Alf Weihed
fångade Bertil »Bebben« Johansson i ett kort ögonblick av

kontemplation. Det är en bild av fotboll som tankeverksam-
het – en gestaltning av den gamla klichén om det gröna
fältets schack. Naturligtvis vet ingen vad Bebben tänkte
vid hörnflaggan. Kanske var han mest förundrad över hur
tråkigt fotboll kunde vara. Men det ser nästan ut som om
han planerar att tänka bollen in i mål. Det framgår inte hur
hörnan utvecklades. Helt säkert är att resultatet blev en
legendarisk fotbollsbild.

↑ Varmkorven har en strykande åtgång på Ullevi denna
majdag 1939. Den detalj som förvånar en nutida betraktare
är varken åskådarna på gräset – en placering som inte tyder
på rädsla för huliganer – eller den välvårdade korvförsäljaren
med slips och perfekt frisyr. Det är de runda korvbröden.

288 → Huliganproblemen var inte överväldigande när Gais
mötte Malmö FF på Gamla Ullevi den 29 maj 1949 – men
nog ser några av åskådarna lite bekymrade ut. Dagen därpå
kunde *Göteborgs-Posten* rapportera om uppmuntrande
åskådarsiffror. Men det var i gengäld det enda som var
uppmuntrande:

Det ville inte lyckas för GAIS att nå allsvenska guld-
medaljer. Gårdagens ullevimatch resulterade i en klar och
välförtjänt framgång för Malmö FF, som vann den rekord-
publikt stora ullevimatchen med 5–1. Det blev som väntat
allsvenskt publikrekord och Gårdas Bragesiffror från 1937
slogs med tusentalet och man kunde notera en ny rekord-
siffra på 28 336 betalande åskådare. Tyvärr kan man inte
säga att matchens kvalitet följde med publikinvasionen.

↑ Nickspecialisten Karl-Alfred Jakobsson valdes år 1994 till Gais »bästa spelare under det första århundradet«. Utnämningen – som väl inte gjordes på blodigaste allvar – måste trots allt sägas vara välförtjänt. Högerinnern Karl-Alfred Jakobsson (som egentligen hette Alfred Karl) vann skytteligan år 1953–1954, det vill säga den för gaisare magiska säsong då Gais senast vann allsvenskan. Han gjorde sammanlagt 145 mål för Gais. Vid detta fångade ögonblick på Gamla Ullevi – bilden är tagen någon gång i mitten av 1950-talet – förefaller han dock gå mållös. Norrköpings målvakt Bengt »Zamora« Nyholm har bollen i tryggt förvar.

→ Bilden ljuger en smula, ty Öis-målvakten Stig Göransson hade faktiskt en väldigt bra dag. Den 6 oktober 1946 ställdes Öis mot Karlstad på en av Ullevis träningsplaner, belägen ungefär där det nuvarande polishuset står. Det går knappt att föreställa sig fotboll under mindre glamorösa förhållanden. Dagen därpå publicerade *Göteborgs-Posten* ett fylligt refererat:

Örgryte tog i går en klar revansch över Karlstad för nederlaget förra söndagen i solstaden, men man hade gärna velat se ett mera övertygande spel. 6–2 blev slutsiffrorna efter 4–1 i paus, men i andra halvleken speciellt hade Karlstadsborna så mycket att bestämma, så det borde varit på sin plats om målskillnaden blivit mindre. 1 204 personer hade trots det ruggiga vädret huttrat ihop under den täckta ståplatsläktaren på Ullevi nya plan – i andra halvleken ökades antalet även med en del »frisksportare« under bar himmel. Givetvis var det en hel del »landsort« som infunnit sig, men man såg även supporters från den gamla goda Örgrytetiden. Och dessa hade all anledning att vara belåtna med nutidens rödblå.

En vilsekommen hund gav publiken före avspark tillfälle till ett befriande skratt i vätan, då han nästan knockades av en boll från Karlstadsbornas sida, när de höllo på att värma upp sig. Och så började spelet på den hala och svårspelade banan, där det främst gällde, att målvakterna höllo hög standard. Man kan ge Stig Göransson ett mycket gott betyg i detta fall.

 IFK Göteborg vann Uefacupen 1982 och 1987. Även blåvita experter har efteråt haft svårt att förklara varför just 1982 års generation svarade för ett internationellt genombrott som inget annat nordiskt lag tidigare hade mäktat med. En viktig förklaring är Torbjörn Nilsson som med sina nio mål blev Uefacupens skyttekung och dominerande gestalt. Även mittbacken Glenn Hysén (som värvats för 25 000 kronor från Hisingsklubben Warta) var betydelsefull. Men kanske kom trots allt IFK:s ordförande Gunnar Larsson sanningen närmast när han betonade laget som kollektiv: »Våra framgångar har baserats på inställningen att lagspel går före individualism.«

Bilden är tagen i Hamburg 1982, efter den andra finalmatchen. Det är alltså inget göteborgskt ögonblick, men det hör utan tvekan till den göteborgska idrottshistorien.

↑ Pia Sundhage nickar in matchens enda mål i EM-finalen
mot England på Ullevi den 12 maj 1984. Några veckor senare
– i den andra finalen – slog hon den avgörande straff som
gjorde Sverige till Europamästare.

Sundhage vann fyra SM-guld med Mölndals-klubben
Jitex. Som spelare och tränare har hon varit en dominerande
gestalt i svensk fotboll sedan 1980-talet. EM-finalen på Ullevi
1984 lockade drygt 5 000 åskådare – en med dåtida mått
mycket bra siffra.

← Det var mycket muskler i Mässhallen en dag år 1935. I arkiven saknas tyvärr information om bjässen i mitten men man kan av goda skäl anta att det inte rör sig om en medelmåtta, ty han flankeras av två legendariska gestalter ur den svenska krafthistorien: brottaren Johan Richthoff (med flaggan på bröstet) och styrkeartisten Oscar »Roslagsbjörnen« Nygren. Den dubbla OS-guldmedaljören Richthoff framträdde emellanåt bortom brottningsmattan som nykterhetsagitator och söndagsskolelärare. Roslagsbjörnen hörde till en känd familj av kraftkarlar och kraftkvinnor. Hans syster var Ester Ottilia Nygren som turnerade under artistnamnet »Miss Arona – världens starkaste mamma«.

↑ Ingemar Johansson knockar Eddie Machen på Ullevi den 14 september 1958. I tio år rådde boxningsfeber i Göteborg – från Ingemar Johanssons första göteborgska proffsmatch i december 1952, när han knockade fransmannen Robert Masson (i Mässhallen), fram till juni 1962 då han knockade Dick Richardson (på Ullevi) och därmed återtog EM-titeln. Däremellan hann han bli världsmästare i New York.

I Göteborg förlorade han aldrig en proffsmatch. För den blott genomsnittligt idrottsintresserade göteborgaren måste detta ha tett sig som en samling intill förväxling lika göteborgska boxningsevenemang där bara namnen på de blågula affischerna växlade: Bentz, Barnett, Wiegand, Adams, Pellegrini, Bygraves, Bates, Cooper, McBride, Erskine, Neuhaus ...

Dessutom slutade de alltid på samma sätt: Ingemar Johansson vann, oftast på knockout.

Men för de insatta var det en konsekvent matchning av en blivande tungviktsmästare. Managern Edwin Ahlqvist och tränaren Nils Blomberg visste vad de gjorde. Trion höll ihop genom hela Johanssons proffskarriär: Ahlqvist med allmän utstrålning av streetsmart kommunalråd, den trygge och allvarsamme Blomberg, ständigt snörande av och på Ingemars handskar – och mästaren med killerface (i ringen) eller nallebjörnsleende (utanför ringen).

Trots att Göteborgspubliken hade vant sig vid att skruva upp förväntningarna var utgången en sensation. Efter drygt två minuter hade Ingo slagit ner Machen tre gånger.

→ Jubel på Rondos VM-vaka strax före klockan fyra på morgonen den 27 juni 1959.

Ingemar Johanssons match mot Eddie Machen på Ullevi år 1958, med trafikkaos och cigarrökande amerikanska promotorer på Avenyn, var Ingoepokens största spektakel i Göteborg. Men frågan är om inte den första Floydnatten – en av tre matcher om världsmästartiteln – står starkare i göteborgarnas minne. Evenemangets själva kärnpunkt var märkligt osynlig. Matchen mot Floyd Patterson, som ägde rum i New York, sändes inte i tv, och det svenska radioreferatet för den största svenska idrottshändelsen genom tiderna förmedlades inte av Sveriges Radio, utan via Radio Luxembourg.

Många äldre göteborgare minns vad de gjorde den natten. Det var en märklig stämning. Göteborgarna samlades vid radioapparaterna. Fönster var öppna. Någon har sagt att det var som om tiden stod stilla. Klockan 03.47 på natten den 27 juni hördes ett segervrål genom hela Göteborg. De som var med glömmer det aldrig.

Vän av ordning kan konstatera att det officiella matchdatumet, på grund av tidsskillnaden mellan Göteborg och New York, är den 26 juni 1959.

↑ Västra Frölundas Lars-Eric Lundvall och Ronald »Sura-Pelle« Pettersson tränar den 15 december 1960. Dagen därpå skrev *Göteborgs-Posten*:

Nu är det ett verkligt fint »kom« i laget och i Sunne var det riktigt roligt att spela trots att snön vräkte ner i massor som jag aldrig sett maken till, säger Frölundas landslagsman Lars Eric Lundvall inför söndagens seriefinal mot Viking på Ullevi. Vi jobbade hårt hela matchen och trots det aktningsvärda motståndet och trots snön hann vi skotta in nio mål – det tycker jag är ett gott betyg åt lagets fina form.

→ I Slottsskogen flyger hopparna nedför Bragebacken. *Göteborgs-Posten* skrev den 4 februari 1945:

Ett rekord fick vi anledning notera i Bragebacken i går. Och det svarade arrangörerna själva för genom att avverka tävlingen på 45 minuter! Sådant lovar gott för kommande evenemang. Annars stod sig publikrekordet från invigningen liksom Kaare Kvickstads backrekord. Det behövs en toppman av nordisk mästarklass för att snygga upp de sistnämnda noteringarna. När han kommer någon gång på andra sidan kriget blir Bragebacken en av landets bästa kassapjäser. Genomsnittsgöteborgaren uppskattar nämligen och beundrar backhoppning. I går räknade den svarta åskådarramen 8 000 personer, som hörbarligen var med på noterna, när Nisse Lund och de andra pojkarna svepte ut över stupet i sina granna luftfärder. Solen förgyllde sporadiskt upp den praktfulla tavlan och byxorna smattrade ljudligare än vanligt kring spända hopparben.

← Kälkåkning vid Hagakyrkan, troligen på 1910-talet. Bilden är tagen av reportagefotografen Anna Backlund. Men visst finns det något märkligt konformt över det glada vimlet? Barnen ser ut att vara ungefär lika gamla och alla kälkar tycks vara identiska. Kanske är det en arrangerad skolutflykt.

↑ Syskonen Greta och Håkan Leffler åker kälke i Vasa-parken 1914. I bakgrunden syns Göteborgs högskolas huvudbyggnad. Bilden, som är tagen av barnens mor Svea Leffler, införlivades i Göteborgs historiska museums arkiv år 1973, efter att museet gjort en efterlysning av bilder på lekande barn.

↑ De två män som släcker törsten den 22 juni 1936 – det vill säga den eventuellt något dävna måndagen efter midsommar – kan antas vara hamnarbetare vid Masthuggskajen. De sitter på lådor och säckar, ett ganska typiskt urval av sådana styckegodsenheter som hanterades under Masthuggskajens storhetstid. Här hade älven muddrats för oceangående fartyg redan i början av 1900-talet. Masthuggskajen var livsviktig för den expanderande industristaden Göteborg. På 1960-talet flyttades successivt alltmer av godshanteringen till containerhamnarna på Hisingen. Containrarna var nog inte lika sittvänliga.

→ Det krävdes ingen liten expedition att få ett glas likör på krogen. Servitören har först mottagit beställningen och sedan förmedlat den till en spritkassörska som noggrant bokfört transaktionen. Spritkassörskan överantvardar glaset till servitören, som därefter levererar det till gästen. Man får hoppas att kaffet inte hann svalna under processen. Den sittande mannen bakom draperiet tycks just ha upptäckt fotografen. Det är den 16 januari 1938.

↑ Grand Hotel Haglunds vinterträdgård år 1900, fotograferad
av Aron Jonason. Grand Hotel Haglund var centralpunkten
i hotellfamiljen Haglunds lilla hotell- och restaurangimpe-
rium som runt sekelskiftet, utöver Grand, omfattade Göta
källare, Hotell Savoy och Trädgårdsföreningens restaurang.
Grand Hotel Haglund var inte blott ståndsmässig övernatt-
ning för resande. Hotellet – framför allt restaurangen – var
också en samlingspunkt för det välbärgade Göteborg. Här
hölls möten och avtackningar. Här summerades framgångar.
Här hölls högtidstal.

↑ Julgranen reses vid Gustaf Adolfs Torg år 1920. Julgrans-
seden är ingen urgammal tradition i Sverige. Den första
gång ordet »julgran« dök upp i en göteborgsk tidning var den
31 juli (!) 1849 i *Göteborgs Handels- och Sjöfarts-Tidning*
och då handlade det om danskt julfirande. På 1850-talet
verkar en tradition med små bordsgranar ha nått Göteborg.
Då annonserade tidningarna om julgranskulor och konfekt.

↑ Beteckningen »ungkarlshotell« är en eufemism som numera har tagits ur bruk. I praktiken handlade det om en insats mot bostadslöshet. Detta fotografi visar troligen julmiddagen på ett ungkarlshotell någonstans i Göteborg – datumet är den 24 december 1939. Detaljer antyder att festandet har varit måttfullt: alkoholfri svagdricka från Majornas bryggeri och två psalmböcker syns på bordet. Man tycks ha kommit till slutet av måltiden. Men varför är inte stearinljusen tända?

→ Sveriges första traditionella hamburgare åts antagligen på en utställning i Helsingborg år 1955. Men när det gäller permanent servering brukar den göteborgska restaurang-kedjan Grill-George – som hade lokal på Östra Larmgatan – ofta nämnas som en av flera pionjärinstitutioner. Grill-George serverade enligt samstämmiga vittnesmål goda hamburgare (men kanske något mjuka pommes frites) cirka 1960. Bilden är tagen i maj 1957. De elegant klädda snabb-matsätarna på bilden har kanske beställt grillad wienerkorv med pommes frites för en och femtio.

← En vecka före julafton 1928 anlände Greta Garbo från New York till Göteborg med M/S *Kungsholm.* Tre år tidigare hade hon tagit *Drottningholm* i andra riktningen för att tillsammans med Mauritz Stiller söka lyckan i Hollywood. Nu var Stiller ute ur bilden. Garbo var 23 år och nybliven världsstjärna, bland annat efter att ha spelat huvudrollen i stumfilmen *Anna Karenina.* Än hade inte biopubliken fått höra hennes röst – det skulle dröja ytterligare två år – och än tycktes hon inte ha utvecklat sin sedermera legendariska skygghet inför fotografer. Hon poserade glatt vid kaj i Göteborg med välkomstbuketten i famnen.

↑ Ingrid Bergman vandrar målmedvetet på Norra Hamngatan den 6 september 1958. Hon hade nyss brutit upp från äktenskapet med Roberto Rossellini och hunnit gifta om sig med teaterdirektören Lars Schmidt. Under sommaren hade tidningarna försökt att reda ut de juridiska spetsfundigheter som – eventuellt – gjort bröllopet med Rossellini i Mexiko år 1950 ogiltigt i efterskott. Formellt, antyddes i spalterna, hade hon alltså överhuvudtaget inte varit gift med Rossellini. Men detta var nog inget som besvärade Ingrid Bergman denna göteborgska brittsommardag. Hon hade haft semester och hennes karriär var på väg att ta fart igen. Ingenting i hennes uppsyn antyder att hon skulle vara besvärad av de göteborgska supportrar som högst händelsevis råkar promenera några meter bakom henne.

↑ Malmska valen – åtminstone en del av den – transporteras år 1918 från Ostindiska huset till de nya museilokalerna i Slottsskogen. Redan när valskinnet monterades på träskrov år 1865 hade den byggts i segment som skulle göra det möjligt att forsla den i järnvägsvagnar – och under det första året var valen i praktiken på turné till Stockholm och Berlin. Vid denna sista (?) färd år 1918 valde dock museiledningen, av lite oklara skäl, den synnerligen opraktiska metoden att låta två hästar dra valen på minimala hjul. Här syns det unika ekipaget vid Kungsportsplatsen.

→ Elefanten sänks försiktigt ner på fundamentet i Naturhistoriska museets däggdjurssal. Det är juni år 1950. Bilden skildrar slutet av en process som har tagit över två år och uttänjt konservator David Sjölanders krafter till det yttersta. Han for personligen till Angola och sköt elefanten i december år 1948. Det var en tjur på cirka fem ton. Bara att vända på den efter att den hade fallit krävde 50 personers muskelkraft. Några veckor ägnades åt att flå djuret, salta in skinnet och packa elefantkvarlevor i packlårar. I Göteborg vidtog det egentliga arbetet, med trästomme, montering, måleri och infästning av betar och tusentals små elefanthårstrån för att få den rätta borstigheten.

Konservator Sjölander – en man som ägnat hela sitt liv åt att dokumentera och konservera djur – verkar aldrig riktigt ha hämtat sig efter elefantexpeditionen. Arbetskamrater har vittnat om att han var märkligt förändrad när han kom tillbaka från Angola. Bara några månader efter den succéartade elefantvernissagen i Göteborg avled han i sviterna av en hjärnblödning. Men elefanten – en »medelsvensson«, enligt Sjölander – är fortfarande, jämte Malmska valen, en oemotståndlig publikdragare på museet i Slottsskogen.

312

↑ En student drejar på Slöjdföreningens skola – »Slöjdis«
– den 23 mars 1923. Fotografens besök kan antas bero på
skolans 75-årsjubileum. Undervisningen vid Slöjdföreningen
hade startat i december 1848. Inledningsvis hade det varit
en handfast yrkesutbildning för mönsterritare till industrin.
Eleverna – som ofta hade dåliga förkunskaper – fick även
öva på att räkna och skriva. Efter hand utvecklades Slöjdför-
eningen till en konstnärlig utbildning. Numera heter skolan
HDK, Högskolan för design och konsthantverk.

313

↑ Konstnären Denice Zetterquist (1929–2014) i ateljélägen-
heten i Biskopsgården 1960. Konstnärsparet Denice och Olle
Zetterquist hörde till pionjärgenerationen i Biskopsgården.
Denice hade sedermera en mycket framgångsrik karriär
som målare och grafiker, men tycks aldrig ha glömt sin kärlek
till Göteborgs ytterstadsdelar – sålunda svarade hon för
konstnärlig utsmyckning både i Tynneredsskolans aula och
på O'Hareflygplatsen i Chicago. Ettåringen på golvet heter
Nina Zetterquist. Även hon blev konstnär.

Hon har ljusa minnen av åren i Biskopsgården:

*Så många vuxna runt omkring mig som vi kände och så
många kompisar. Ateljélägenheterna ligger ju på botten-
våningen i en lång rad. I varje lägenhet fanns det ett stort
förråd och en lång gång band ihop förråden. Här brukade
allas dörrar stå öppna när det var fester och det var det ofta,
med mycket jazzmusik. Om någon av oss barn vaknade,
visste vi att det bara var att gå ut i korridoren och höra från
vilken öppen dörr det kom musik ...*

← Torgny Segerstedt, här med hundarna Garm och Peter, cirka 1940, var den göteborgska – och den svenska – antinazismens förgrundsgestalt. Som chefredaktör för *Göteborgs Handels- och Sjöfarts-Tidning* slog han fast tonen i en ledartext redan i februari 1933 : »Hr Hitler är en förolämpning«. Segerstedts bakgrund som religionshistoriker och expert på primitiva religioner gjorde honom sällsynt lämpad att tidigt genomskåda nazismen.

Ett klumpigt protesttelegram från Göring gjorde GHT världsberömd över en natt och Segerstedt såg sig nödgad att skriva en uppsluppen text där han dementerade att Göring hade anställning som tidningens reklamchef. Inte alla göteborgare gladde sig åt Segerstedt – hans principfasta hållning betraktades av många som en politisk risk. I Norge var han mer reservationslöst uppskattad. Trots ockupation och rigorösa gränskontroller var *Göteborgs Handels- och Sjöfarts-Tidning* tillgänglig i Oslo under kriget. Många år senare berättade Torgny Segerstedts dotter Ingrid Segerstedt

Wiberg – själv betydelsefull publicist och riksdagsledamot – hur distributionen hade gått till. Tidningarna hade helt enkelt smugglats ombord på de tyska permittenttågen : det var nazisterna själva som förde Segerstedts antinazistiska texter till Norge.

↑ Tre chefredaktörer på en bild. Ingen publicistfamilj har lämnat större avtryck i Göteborg än familjen Hjörne. Harry Hjörne – i mitten på bilden – tog över *Göteborgs-Posten* 1926 och gjorde snabbt den tämligen obemärkta tidningen till Göteborgs ledande nyhetsmedium. Harrys son Lars (till vänster) tog över chefredaktörskapet efter Harrys död år 1969. Peter – som tillträdde som chefredaktör 1993 – var nio år då bilden togs, år 1961. Han minns i dag inte fototillfället, men han har livliga minnen av sin farfar Harry:

Farfars rum var spännande och belamrat med tidningar och han knäckte nötter i övre skrivbordslådan. Sådant imponerar på en nioåring ...

↑   Lisebergs huvudstråk cirka 1935. Bergbanan – som hyllades av pressen för sin fantasifulla scenografi – syns till vänster. År 1935 kostade en entrébiljett till parken 50 öre för vuxna och 25 öre för barn. Detta års mest oväntade händelse var att en man strax före midnatt den 2 juli diskret skalade av sig kläderna på Wärdshuset och sedan simmade ett vänstervarv i Spegeldammen.

→   Herman Lindholm provkör radiobilarna på Liseberg den 11 maj 1927. Man kan betrakta honom som Lisebergs skapare. Han verkade via kommunpolitiken och arbetarrörelsen – två begrepp som troligen för honom flöt ihop en smula. Lindholm var Lisebergs förgrundsfigur och ständiga politiska beskyddare, periodvis ordförande eller direktör under de första två decennierna. Han förvandlade Liseberg från en tillfällig jubileumsattraktion till en modern nöjesanläggning med brett publikanslag, låga priser, dansbanor, internationella artister och ett betryggande flöde av korv, karameller och spunnet socker. Ingen detalj verkar ha varit för liten. Bildarkiven vimlar av bilder på honom där han bakom karaktäristisk mustasch betraktar någon karusell eller kulört

lykta. Kanske hade dessa omsorger om detaljer samband med hans bakgrund som möbelsnickare.

Även Göteborgs övriga 1900-talshistoria hade sett i grunden annorlunda ut utan Herman Lindholm. Han kom som ombudsman för Träarbetarförbundet till Göteborg år 1900. Då var han 25 år, och mycket snart insåg den göteborgska arbetarrörelsen att han dög till mycket mer än att vara träarbetarombudsman.

Nöjesparksentusiaster brukar förtjust framhålla att Herman Lindholm redan 1903 fick i gång Krokängsparken på Hisingsparken – en minimal föregångare till Liseberg. År 1906 blev han Socialdemokraternas första representant i kommunfullmäktige och under ett par decennier fanns det knappt någon betydande kommitté, nämnd eller bolag med bäring på Göteborg eller de göteborgska Socialdemokraterna där han inte satt i styrelsen. Det påstås – och kanske är det sant – att ingen i Göteborgs historia har haft fler förtroendeuppdrag. Ändå är det naturligtvis inte för sitt arbete i drätselkammaren, pensionskassor eller koloniträdgårdsrörelsen som Herman Lindholm har lämnat störst avtryck i Göteborgs historia. Hans bestående insats är Liseberg.

← År 1946 åker två damer Blå Tåget – en ganska stillsam åkattraktion genom tunnlar med skräckbetonade inslag. Det var ett bra år för Liseberg. Gamla besöksrekord slogs. Världskriget var slut, det började gå att boka internationella artister och man kunde sänka entréavgiften till förkrigspriset 50 öre. För de två resenärerna på Blå Tåget kan det rentav antas ha varit gratis. Bilden är tagen den 18 juni 1946 – och just denna dag var det fritt inträde för alla Göteborgs folkpensionärer.

↑ Lisebergs populära »radiobåtar« hade till följd av världskrigets bensinransonering stått stilla från och med september 1939. Inför säsongen 1941 lyckades Liseberg bygga om båtarna så att de, med aningen svagare effekt, kunde drivas med karbid. Här provkör Lisebergs inspektör Hardy Johansson (vid ratten) en karbiddriven båt den 17 april 1941. Lite vådligt ser det ut. Radiobåtarna var byggda för en vuxen person och tänkta att manövreras i en 60 centimeter djup bassäng. De var inte tänkta att köra i Mölndalsån.

320

↑ Västligare göteborgare än Evert Taube – son till fyr-
mästare Carl Gunnar Taube på Vinga – kan ingen vara.
Taube föddes dock på Bryggaregatan vid Skeppsbron.
Barnmorskan antog att han var dödfödd och lade honom
på ett bord. Doktor Silverskiöld, som tillkallats för att skriva
dödsattesten, såg dock att det var liv i pojken. Taube var
alltså intill döden tyst under sitt livs första minuter. Tystnad
skulle inte prägla resten av hans liv. Och han var göteborgare.
Det var naturligt att han 1966 – när han förvandlats från
grammofonsångare till nationaldiktare – promoverades till
hedersdoktor vid Göteborgs universitet. I samband med
promotionen framhölls Taubes insatser som introduktör av
medeltida provensalsk lyrik. Men det var naturligtvis egent-
ligen visorna, dikterna och prosaböckerna som belönades.

Här ses Evert Taube på Lisebergs stora scen. Han är 71 år
gammal. Han har luta och Panamahatt. Bilden är tagen den
2 augusti år 1961.

→ I maj 1960 står det 22-åriga stjärnskottet Monica Zetter-
lund på Lisebergs stjärnscen. Året därpå debuterade hon som
kabaréartist och i mitten av 1960-talet var hon etablerad film-
skådespelare. När bilden togs var hon blott en ovanligt elegant
fraserande jazzsångerska från Hagfors. Lisebergs annonser
från Lisebergs scener i maj 1960 visar att hon fick kliva in i ett
brokigt utbud bestående av bland annat »Pling Plong & Co
– komiskt musikalnummer, Lisebergs dragspelsorkester och
Alla barns favorit Berolina – den lilla rara elefantungen«.

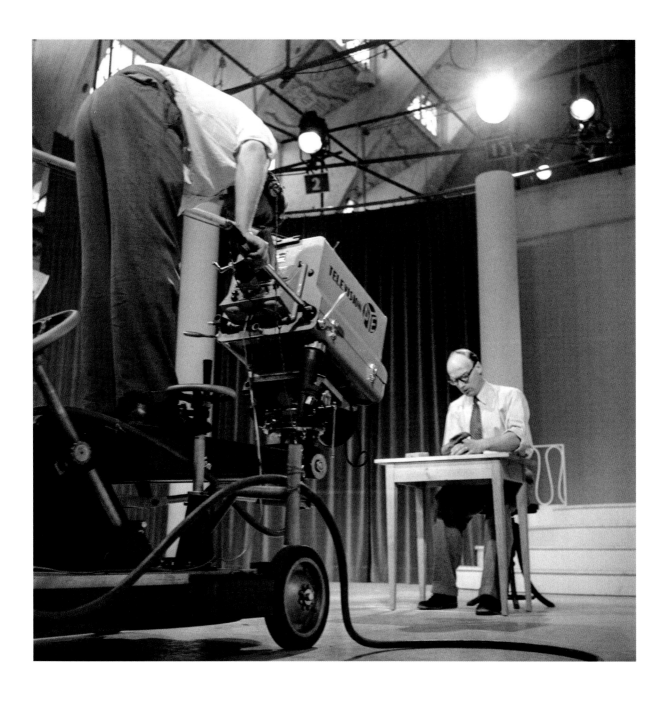

← Sonya Hedenbratt var en av Sveriges ledande jazzsång-
erskor, Sten-Åke Cederhök var i flera decennier revystjärna
på Liseberg (samtidigt som han arbetade på Arbetsförmed-
lingen). Men när de i slutet av 1960-talet började samarbeta
i tv-produktioner fick den varma göteborgska humorn ett
rikssvenskt genombrott. På 1970-talet visade båda att de hade
ett än bredare register. Cederhök kunde bära allvarligare
roller, till exempel i en uppsättning av Ibsens *Vildanden*,
och Hedenbratt hade en roll i *Fanny och Alexander*. Här
ses de i *Jubel i busken* 1968.

↑ Television provsänds från Lisebergshallen den 5 maj 1950.
Göteborgs-Posten är på plats och beskriver evenemanget
med lätt skepsis:

*Man stirrade på en vit platta, ungefär lika stor som en
bredspaltig bild i en tidning. Plattan satt på framsidan
av en apparat i ungefär samma storlek som en övergödd
radio. Runt hela arenan var sådana apparater uppställda.
Framför dem stod publiken. Den stod troget kvar halv-
timmen ut, t.o.m under annonserna som inplacerats mitt
i föreställningen.*

↑ Den 26-årige klubbägaren Styrbjörn Colliander ser en smula trött ut vid entrén till Cue Clubs första lokaler på Norra Larmgatan i nuvarande Östra Nordstan. Tröttheten är inte obegriplig. Bilden är tagen den 6 augusti 1966. Denna legendariska första version av Cue Club höll öppet i bara några månader – från april till augusti 1966 – innan den stängdes av polisen. Stängningen ledde till kravaller. Samma år öppnade Colliander en ny version av Cue Club på Köpmansgatan, och 1969 flyttade verksamheten till Kungsgillets gamla danssalong på Kungstorget. Cue Club var en pionjärinstitution i det göteborgska klubblivet. År 1970 spelade Yes på scenen och Colliander hade vid ett tillfälle rentav bokat Rolling Stones, men spelningen ställdes in eftersom Stonesmusikanterna var misslynta till följd av en dålig USA-turné. När Styrbjörn Colliander transformerade Cue Club till Gustavus Adolphus städslade han Deep Purple som premiärband. Hans tioåriga insats för det göteborgska nöjeslivet fick ett tragiskt slut den 1 februari 1976 när en värnpliktig man klev in på klubben och avlossade 33 skott. Colliander och en sjuttonårig gäst dödades.

→ »Årets popgala Bob Dylan« utropar Scandinaviums ljusskylt inför den första konserten, den 11 juli 1978. Bob Dylan har i sentida intervjuer avväpnande förklarat 1978 års maratonturné med omständigheten att han haft en dyr skilsmässa, och att dyra skilsmässor är särskilt dyra i Kalifornien. Följaktligen drog han ihop ett elvamannaband och påbörjade en 114 konserter lång världsturné som startade i Tokyo i februari och slutade den 16 december i Pembroke Pines. Konserterna i Göteborg var nummer 47 och 48.

FÖRVAND-
LING

GÖTEBORG inleder 1900-talet som en gryende industristad med mycket trängsel på liten yta, men avslutar seklet som en postindustriell och bitvis ganska glest befolkad stad på enorma ytor. Däremellan ligger staden utsatt för vågorna av två världskrig, stora industriers uppgång och nedgång och ett folkhemsprojekt som breds ut över de gamla jordbruks-markerna. Det göteborgska nuet har långa rötter.

← Förvridna järnvägsspår och rasmassor ligger huller om
buller vid Stigbergskajen. Den nya djuphamnen var inte fullt
färdigbyggd när raset inträffade klockan åtta på morgonen
den 5 mars 1916. En vakt tvingades fly för livet för att inte
dras med. Olyckan var inte helt oväntad. Åtta dagar tidigare
hade man observerat en spricka som tydde på att marken var
instabil. Byggledningen lät tippa 24 pråmlaster sand i älven
för att öka stabiliteten. Det hjälpte föga. Mellan 7 000 och
8 000 kubikmeter lera for ut i älven. I de inledande kommen-
tarerna – förmedlade i *Göteborgs-Posten* – antydde hamn-
styrelsen självkritiskt att det kanske helt enkelt var omöjligt
att ha kajer med åtta meters djup vid denna del av Göta älv.

330

 I dag vet alla göteborgare att Avenyn har de bredaste
trottoarerna i Göteborg – om inte i Sverige. Detta fotografi
från 1890-talet ger förklaringen: det är helt enkelt de gamla
förträdgårdarna som blivit gångstråk. När bilden togs var
Avenyn fortfarande ett välbärgat bostadsområde. De första
butikerna öppnade först på 1910-talet. Avenyns officiella
namn är Kungsportsavenyen. Namnet, som användes redan
i den första stadsplaneändringen år 1867, var inledningsvis
kontroversiellt. Det ansågs, med viss rätt, ha en utländsk
klang. Som alternativ lanserades på 1880-talet namnet
Gustaf Adolfsgatan. Det blev ingen succé.

331

↑ Grundläggningsarbete för Nordhemsskolan år 1915.
Bygget var ett prestigeprojekt. När skolan slutligen invigdes,
i maj 1917, var det den första enskilda byggnaden i Göteborg
som kostat mer än en miljon kronor att uppföra. Nordhems-
skolan blev mer än dubbelt så dyr som den ungefär samtidigt
byggda Masthuggskyrkan.

← Bilden är tagen den 2 juni 1918. Det är en händelse med betydelse för den svenska demokratihistorien som helhet. I en av de stora demokratiska symbolfrågorna gick Göteborg i bräschen: jämställdheten i politiken. Den första svenska kvinna som valdes in i riksdagen – Kerstin Hesselgren – vann sitt mandat via Göteborgsbänken. Den kvinnliga representationen hängde naturligtvis samman med den kvinnliga rösträtten. Även där fanns det en göteborgsk frontfigur: Frigga Carlberg. Det är hon som är den självklara huvudpersonen på fotografiet, med svart klänning och vitt hår, i den första raden efter standarbärarna.

Redan år 1902 hade Frigga Carlberg gått i spetsen för Föreningen för kvinnans politiska rösträtt i Göteborg. Hon var en typisk föreningsmänniska. Hon var också en ovanlig författare och tänkare. Rimligen finns det ingen annan göteborgare som så ofta har citerat den skotske historikern Thomas Carlyle; han var hennes stora idol.

Tack vare Frigga Carlberg höll Göteborgsavdelningen av Föreningen för Kvinnans politiska rösträtt en högre profil

än riksorganisationen. FKPR hade 237 lokalföreningar och existerade i flera decennier. Men bara vid ett enda tillfälle höll man en regelrätt gatudemonstration: den 2 juni 1918 i Göteborg. Bilden fångar alltså ett laddat ögonblick.

Längre bak i tåget bar demonstranterna tre plakat med tre exempel på svenskar som saknade rösträtt. Det var bilder av en manlig mentalpatient och en manlig fånge i fångdräkt. Och Selma Lagerlöf.

Nej, Frigga Carlberg var inte skottrödd i debatten. Till slut blev det också som hon hoppats. Rösträtten infördes. När kvinnor röstat för första gången – den 16 september 1921 – upplöstes organisationen.

↑ Bilden är tagen den 5 mars 1926, men det finns något märkligt tidlöst över detta ögonblick från Gråberget i Majorna. Krokstigen – se skylten på huset – slingrade sig på bergskanten över Slottsskogsgatan. Bostäderna på Krokstigen revs på 1930-talet.

↑ Landstormsmän i kålbladsmössor och benlindor, med
kikarfodralen käckt på svaj, på Heden år 1920. Landstormar-
na hade varit en van anblick för göteborgarna under första
världskriget. Inledningsvis hade stämningarna varit ganska
aningslösa. En bild av detta tecknas i tyghandlaren Richard
Berlins memoarer: där framstår första världskrigets göte-
borgska landstormsövningar som ett glatt scoutläger där
någon ibland telefonerar till Långedrags värdshus efter kalla
öl. Allteftersom kriget framskred – och Göteborgstidning-
arna rapporterade om gaskrigföring och ilandflutna lik på
västkusten – fick dock övningarna en mörkare klangbotten.
I bakgrunden på bilden syns konserthuset på Heden. Det
brann sedermera år 1928.

335

↑ Lärjeholms gård i Hjällbo år 1914. Gården överlevde
1900-talets intensiva exploatering av Hjällbo och har sedan
1973 skydd som byggnadsminne. Men den är hårt kring-
skuren. Mellan älven och gården går numera både järnvägen
och E45:an. Byggnaden i sengustaviansk stil är byggd cirka
år 1800, men gården har anor från medeltiden. En av ägarna
på 1600-talet var Gustav Vasas svägerska Ebba Lilliehöök.

↑ År 1921 fyllde Göteborg 300 år, men firandet uppsköts två
år. Bilden visar linbanan mellan Liseberg och jubileums-
utställningen i Johanneberg, och den är tagen av Anders
Karnell som tillsammans med Fritz Bruce och Harald
Holmqvist drev bildbyrån Fotomonopolet. Firman hade
det officiella uppdraget att dokumentera jubileumsutställ-
ningen. Eftervärldens bild av Göteborgs 300-årsjubileum
är i hög grad ett resultat av deras urval.

→ Historieintresserade göteborgare kan ibland få upp-
fattningen att 1923 års jubileumsutställning var en perfekt
synkroniserad balans mellan kulturhistoria och industri.
I själva verket var planeringen kaotisk och oenigheten stor.
Socialdemokraterna i stadsfullmäktige var rentav tvek-
samma till att överhuvudtaget arrangera en utställning.
Det var inte bara en enorm lågkonjunktur som bidrog till
att skjuta upp Göteborgs 300-årsfirande från 1921 till 1923.
Under planeringen försköts också hela utställningens
tyngdpunkt från konstutställningar och bokutgivning till
industriexport. Jubileumsutställningen blev – i motsats
till de inledande planerna – en manifestation över svensk
industri med Göteborg i centrum. Här syns utställningens
industriella medelpunkt: maskinhallen, med stark prägel av
bland annat Götaverken, SKF och Bofors.

← Den 26–27 april år 1944 var det luftskyddsövning i Göte-
borg. Fotografiet är enligt arkivnoteringen taget några dagar
före övningen. Skolbänkarna har körts ihop mot väggen.
Kuddar och madrasser är väl stoppade med halm. Länssty-
relsen meddelade via tidningsnotiser att några kategorier
göteborgare slapp att delta i övningen: »... förutom sjuka och
åldringar, även mödrar med barn under 2 år, vilka befinna sig
inomhus«.

↑ Ett tyskt junkerplan på väg mot Torslanda flygfält den
27 april 1935. Frihamnen syns i bildens mitt. Göteborg är
en snabbt växande stad med över en kvarts miljon invånare,
men det ser fortfarande påfallande lantligt ut på Hisings-
sidan. På flygplanets fena syns ett hakkors.

↑ Militärövning i Göteborg den 23 augusti 1937. Landshöv-
ding Jacobsson sitter civilt hopsjunken med hatten i knät.
Den gänglige ädlingen är prins Carl, Oscar II:s tredje son.
Prins Carl har inte lämnat några djupare avtryck i den svens-
ka historien, men han har varit inblandad i några vackra
marginalnoteringar. Två av hans döttrar – Märta och Astrid
– gifte sig med kungar. Prins Carl var alltså inte bara den
svenske kungens bror. Han var också svärfar till de norska
och belgiska tronerna. Dessutom anses hans döttrar ha
uppfunnit – eller inspirerat till – det bakverk som går under
namnet prinsesstårta.

↑ Ubåten *Ulven* på Eriksbergsvarvet i augusti 1943. *Ulven* –
66 meter lång, byggd i Karlskrona 1929 – minsprängdes vid
en övning kring Stora Pölsan i Göteborgs skärgård. Samtliga
33 män ombord dog på några ögonblick, antingen direkt av
explosionen eller av snabb drunkning och högt tryck. Det
var den 15 april, en torsdagskväll, strax efter klockan sex.
Några hade antagligen suttit och ätit ärtsoppa.

Inledningsvis hoppades marinledningen att besättning-
en var vid liv bakom vattentäta skott. Sökandet blev ett
tidspressat helvete för ubåtar, minsvepare och fiskebåtar i
mörker och grov sjö i ett område fullt med minor. Sverige
höll andan medan 50 fartyg och 1 500 man slet dygnet runt.
Den 5 maj kunde dykaren Alvar Eriksson sätta fötterna på
Ulvens däck och konstatera att sökandet hade varit förgäves.
Ulven låg på 52 meters djup med ett jättehål midskepps.

Hängande mellan pontonerna *Frigg* och *Oden* släpades
den under sommaren av bärgningsbåtar till Göteborg. Det
tog sammanlagt tre och en halv månad att hitta *Ulven* och
genomföra bärgningen. Sökandets dova väntan och bristen
på detaljer innan ubåten undersökts gav näring åt vilda

rykten om luftfickor, gasförgiftning och besättningsmän som
försökt ta sig ut. Många av dagens äldre göteborgare minns
historier om hur någon matros blivit skickad i land för fylleri
eller missat ett tåg och därmed klarat livhanken. I *Göteborgs-
Posten* den 3 augusti 1943 ägnades stort utrymme åt att beto-
na att offrens lidande inte varit utdraget:

*Det är oförtydbart, att en snabb drunkningsdöd drabbat
de flesta, därpå tyder också, att inga mekaniska skador
kunde upptäckas på flertalet ombordvarande, medan typis-
ka tecken på drunkning stodo klara för fackmännen, som
fastslå i rapporten, att »männen överraskats i gravmörker
och det hela har varit över på några korta ögonblick ...«*

GP beskriver inte närmare den syn som mötte kommendör
Hamilton när han klev in i den bärgade *Ulven*. Fåordigheten
var inte enbart av hänsyn till offren. Man var också angelägen
om att inte onödigtvis avslöja för främmande makt hur en
mina kunde fara fram med instrumenten i en svensk ubåt.
De bilder som senare har offentliggjorts visar ett dränkt kaos
av förvriden metall, trasiga luckor och uppsvällda kroppar i
ubåtsuniformer. Alla fanns på sina platser.

↑ Den 27 juli 1942 återkom *Drottningholm* till Göteborg. Det hade varit en livsfarlig resa. Sverige låg bakom dubbla minspärrar – både Tyskland och Storbritannien ansåg sig ha skäl att vara misstänksamma. Den svenska lejdtrafik som trots allt lyckades sippra genom systemet, med last av papper, spannmål, olja, bomull och kaffe, hade förfärande höga förlisnings- och dödstal. *Drottningholms* resa i juli 1942 avvek från dessa typiska lejdtransporter i det att det huvudsakligen handlade om att transportera människor. Enligt samtida tidningsreferat fanns det 43 svenskar, 646 tyskar, 123 italienare och 2 ungrare ombord. Under de kommande åren skulle *Drottningholm* tillsammans med Svenska Amerika Liniens systerfartyg *Gripsholm* tas i

anspråk för de av eftervärlden betydligt mer berömda fång-utväxlingarna av sammanlagt ungefär 10 000 soldater.

Det ögonblick som bilden visar var alltså av betydligt mer civil karaktär och tidningsreportagen från *Drottningholms* ankomst är närmast uppsluppna: en italiensk matrona som kysser flaggan och säger »Nu äro vi nästan hemma, *caro mio*«, en ung SKF-familj som tas emot av SKF:s exportchef, den avgående svenska ministern i Chile, Axel Paulin, som fått med sig blott 25 kilo packning efter trettio års utlands-tjänst. Det var förresten *Drottningholms* andra världskrig. Under det första hade hon, som ångbåt under namnet T/S *Virginian*, använts för amerikanska trupptransporter.

↑ Flyglarmet ljuder. Fabriken evakueras. Men ser inte den panikartade flykten misstänkt munter ut? Jo, det är blott en övning den 27 augusti 1937. Detta var den första av flera luftförsvarsövningar i Göteborgstrakten inför det världskrig som allt fler befarade skulle komma till Europa. Under tre dygn fick göteborgarna se och höra sådant som under de kommande åren skulle bli alltför bekant: sirener och mörkläggning. Samtidigt var oron inte större än att Göteborg några veckor tidigare hade arrangerat en stor turistvecka med kappseglingar, festspel på Bohus fästning, konserter och rundturer.

↘ Nästa uppslag: En Frölundabonde äter lunch ur djup porslinstallrik – kanske gröt – under en paus från vårarbetet. Bilden är tagen den 27 april 1928. Gårdens namn framgår inte av fotografens noteringar, men man kan på goda grunder anta att bonden hör till den sista lantbrukargenerationen i denna jordbruksbygd som hade rötter åtminstone till medeltiden. Frölunda införlivades i Göteborg år 1945. Villor, radhus, kedjehus, punkthus, lamellhus och köpcentrum drogs snabbt över de gamla åkrarna. Ibland – till exempel i Tynnered, Åkered och Önnered – anas gamla by- eller gårdsnamn i adresserna. Och här och där syns ännu på 2000-talet en kvarlämnad mangårdsbyggnad med brutet tak, lövsågade vindskivor, verandatrappa och pardörr.

← En mycket solig dag vid Olskrokstorget. Bilden kan
vara tagen i samband med invigningen av fontängruppen
Elementens kamp på Svenska flaggans dag 1930. Denna
variant av Olskrokstorget offrades sedermera för Tingstads-
tunnelns tillfarter. Skulpturen, som är utförd av Anders
Jönsson, flyttades till sin nuvarande plats vid Sankt Pauli
kyrka. I bakgrunden syns en spårvagn med sommarsläpvagn.
Sommarsläpvagnarna användes mellan 1906 och 1946.

↑ Södra Hisingen sjöd av aktivitet på 1940- och 50-talen.
Generalplanen för Lundby – med nya spårvägar och älv-
förbindelser – presenterades 1937. Efter krigsslutet flyttades
88 villor från Skarvik till ängarna runt Kyrkbyn för att ge
plats åt oljeraffinaderier. Wieselgrensplatsen ritades av
arkitektbyrån Nygård och Hultberg – bilden är tagen i juni
1959. Torget ser från ovan ut som en byggarbetsplats, men
enligt dåtida tidningsannonser har bland annat radiobuti-
ken redan öppnat.

Wieselgrensplatsens storhetstid inträffade sedermera på
1960-talet – framför allt när Göteborgs största stadsdelsbib-
liotek öppnade år 1967. Sedan följde några kärvare decennier
och i början av 2000-talet övervägde man rentav att stänga
torget. Numera – i takt med att Lundby får en allt centralare
roll i Göteborg – har Wieselgrensplatsen besökssiffror som
kan mäta sig med centrala adresser i Fastlandsgöteborg.

↑ Norra Biskopsgården 1962. De göteborgare som växte upp i dessa geometriskt eleganta huskroppar på 1960-talet berättar gärna om en ny och vitputsad värld full av nybyggaranda. Biskopsgården var länge positivt laddad i det allmänna medvetandet. När denna flygbild togs handlade det om att skildra den nya och välplanerade staden – fjärran från den otidsenliga och illa planerade trängseln och murrigheten i Masthugget eller Landala.

→ På 1950- och 60-talen kavlades folkhemmet ut på de gamla åkrarna i Västra Frölunda. De så kallade Kommandobryggorna – 16 punkthus med aluminiumfasader på Södra Dragspelsgatan – står vända med »fören« mot sydväst, mot havet. Bilden togs den 19 oktober 1963. Området var ännu inte riktigt färdigbyggt. Ambitionen och omsorgen om detaljer var betydligt högre än i de miljonprogramshus som smälldes upp några år senare på andra åkrar i Göteborgs utkanter. Byggherre för Kommandobryggorna – och för den närliggande 800 meter långa Metkroken – var Göteborgs stads bostadsaktiebolag. Området ritades i början av 1960-talet av Sven Brolid, Nils Einar Eriksson, Stig Hansson och Walter Kiessling. Med historiens facit måste man säga att Kommandobryggorna och Metkroken har åldrats väl – de är välkända inslag i stadsbilden och en viktig del av Västra Frölundas identitet. Men flickan har nog flyttat.

↑ I juli 1945 var Biskopsgården på södra Hisingen fortfarande
en lantlig idyll med grusvägar och stilla sus i telefontrådarna.
En tillfälligt skapad sjö efter en översvämning var veckans
händelse. Femton år senare fanns det nästan 8 000 lägen-
heter på dessa sanka ängar.

351

↑ Halvt skymt i grönskan står det lilla enfamiljshuset i
Bergsjön. När det byggdes år 1936 var Bergsjön stillsam
landsbygd. När bilden togs år 1967 var miljonprograms-
bebyggelsen i full gång. Det lilla trähuset med valmat tak
och gröna knutar revs år 1969.

353

← Göteborgspolisen pratar med en grupp romer vid Berg-slagsbanans station den 12 mars 1952. Det fanns förmodligen romer redan bland de första göteborgarna på 1600-talet. I äldre dokument har de kallats »tattare«. Under 1800-talet förekom romer i Göteborgspressen under beteckningen »zigenare« – nästan alltid beskrivna som tjuvar eller små-skojare. När tidningarna råkade skriva om romer i trevligare sammanhang nämndes vanligen inte bakgrunden. Det fanns till exempel starka romska inslag i cirkussläkten Madigan, vars mest kända representant Elvira på sommaren 1886 dansade på slak lina i Lorensbergsparken. Hon var den stora stjärnan, jämte kanondrottningen Lazal och snabbmålarna Taylor och Rayne. Tidningarna skrev gärna om Elvira men nämnde då inget om zigenare.

↑ Under 1950- och 60-talen gick tidningsreportagen i ljusa kulörer, men 1970-talet kom med kärvare tongångar. Bilden från Timjansgatan i Angered ledsagade en varnande text den 8 november 1971 i *Expressen*:

De bergstäder, som Göteborg bygger i Angered-Bergum, har blivit ett dyrt misstag. De många outhyrda lägenhe-terna som är koncentrerade till dessa nya stadsdelar, bör också vara en varning för andra städer.

Angered-Bergum är ett lärorikt exempel på hur det går om teknokraterna får styra och placera fel hus på fel plats. Det är läget och miljön bostadskonsumenterna säger nej till.

 Plåtslageriarbete på ett göteborgskt tak den 13 juli 1937. För en nutida betraktare ter sig bristen på säkerhetsåtgärder svindlande. Det skulle dröja tolv år – till 1949 – innan en modern lagstiftning infördes. Mellankrigstiden var en intensiv byggperiod i Göteborgs historia. Under 1920-talet bebyggdes Bagaregården, Kålltorp, Änggården och Kungsladugård. På 1930-talet fortsatte Göteborg att bre ut sig över Johanneberg, Utby, Kviberg och Lundby.

→ Strejkande hamnarbetare marscherar över Järntorget på väg till Arbetsdomstolen i oktober 1954. Demonstranternas klädsel är en god tidsmarkör. Den svenska arbetarrörelsen framträdde på 1950-talet fortfarande i söndagskostym. Drygt tio år senare präglades demonstrationstågen av jeans och läderjackor.

← Entreprenörerna missade inte chansen att utnyttja Skandinaviens mest spektakulära reklamplats när Älvsborgs-bron började bli klar. Bilden är tagen i mitten av augusti 1966 – mindre än två månader innan bron öppnades för trafik. Till och med Stockholmstidningarna intresserade sig för detta spektakulära infrastrukturprojekt som – för att låna en typisk tankefigur från mitten av 1960-talet – skulle förbin-da fastlandet med »Göteborgs Ruhrområde«. Även med internationella mått var Älvsborgsbron ett ansenligt projekt, med ett brospann på drygt 417 meter och över 20 anknutna viadukter och tunnlar. Kommunikationsminister Olof Palme invigde Älvsborgsbron den 8 november 1966. Det var en tid av intensivt vägbyggande. Älvsborgsbron var Palmes tredje broinvigning samma dag.

↑ Till och med för en skeppsbyggarstad som Göteborg var detta ett evenemang utöver det vanliga. Tingstadstunnelns olika segment sjösattes i princip som fartyg, i en färdig ränna som sedan fixerades med en halv meter sand som underlag. Fotografiet visar nedsänkningen av det första segmentet den 14 maj år 1965. Likheten med en skeppssjösättning var så flagrant att tunnelbyggarna döpte tunnelsegmentet till *Charlotta* och ceremoniellt krossade en flaska sockerdricka. Till den allmänna sjöfartsstämningen bidrog att delar av ar-betet leddes av Evert Taubes bror, hamnlotsen Gösta Taube.

↑ Den ene var folkpartist och chefredaktör – den andre
var socialdemokrat och Göteborgs starke man. Vänskapen
mellan Harry Hjörne och Torsten Henrikson utmanade både
ideologiska och yrkesrollsbetingade gränser. De förena-
des i sin konstruktiva vilja att finna praktiska lösningar för
Göteborgs bästa. Deras mest kända pakt har av en häpen
eftervärld beskrivits som en kupp i Chicagostil. Göteborg
behövde större ytor, men spåren från 1940-talet förskräckte.
Då hade Göteborg fått expropriera bondgårdarna i Västra
Frölunda och Högsbo till hiskliga kostnader.

I början av 1960-talet riktade Henrikson i stället blickar-
na österut, mot Angered och Bergum, men han insåg att
priserna skulle trissas upp om fastighetsägarna förstod att
Göteborgs stad systematiskt köpte lagfarter. Lösningen blev
ett fiffigt system med bulvaner. Det var också viktigt att und-
vika besvärlig publicitet. I all stillhet slöt Torsten Henrikson
en pakt med *Göteborgs-Postens* chefredaktör Harry Hjörne.
Det är nästan ofattbart att det lyckades. Till slut hade staden
Göteborg diskret köpt 2 600 fastigheter. Införlivningen –
snarast erövringen – av Angered och Bergum var ett faktum.
Bilden är tagen cirka 1963.

→ Fyra män på en cykel inviger motorvägen vid Landvetter
flygplats den 21 september 1977. Näst längst fram sitter
Göteborgs och Bohus läns landshövding Erik Huss. *Göte-*
borgs-Postens K-E Teghammar skrev:

Göteborg som transportcentrum, något att falla tillbaka
på i dessa kärva tider, har nu med ny väg och ny flygplats
fått utmärkta anläggningar för samtliga de fyra viktiga
trafikslagen, sjöfart, järnväg, vägtransport och flyg, sade
invigaren landshövding Erik Huss. Sedan han klippt bandet
inbjöds han av teknolog Per Herolf till invigningstur på nya
vägen på quatrocyklotron tillsammans med Sune Ewerdahl
och Sven-Göran Olhede. Denna cykel för fyra var först
också genom Tingstadstunneln. Nu är det bilarnas tur.

 Leif Persson småspringer till bussen på väg till Volvo
Torslandaverken en januarieftermiddag år 1977. Det finns
ett drag av nästan maskinmässig stadsplanering över
bostadsområdet Rannebergens snabba tillkomst. År 1966
införlivades detta skogsklädda berg tillsammans med resten
av Angered i Göteborg. Det var ett stycke landsbygd, nästan
vildmark, en dryg mil från Göteborgs centrum. År 1971
rullade kranarna och grävskoporna upp på berget. År 1974
stod 1 600 lägenheter klara. En ny värld var klar att flytta in i.
Ett slags nybyggarkänsla präglar reportagefotografierna från
1970-talet.

↑ De nio systrarna Alsaidan driver föreningen Hoppet i
Hammarkullen. Hoppet startades år 2009 av Hajar Alsaidan
– som då var 13 år gammal – för att stärka utsatta kvinnor
i Angered. Med tiden har Hoppet utvecklats till en fram-
gångsrik cateringverksamhet. Denna bild publicerades år
2019 i *Hoppet* – en kombinerad intervju- och kokbok med
texter av Hajar Alsaidan och fotografier av Lisa Thanner.

363

← Sommaren 1969 fanns det ingen större superstjärna i Skandinavien än tioåriga Inger Nilsson från Kisa. Den medarbetare på Stenas marknadsavdelning som kläckte idén att låta Pippi Långstrump bli gudmor för *Stena Danica* fick förhoppningsvis en kraftig löneförhöjning, för fartygsdop är annars ganska sömniga evenemang. Men den 30 juni 1969 kom ungefär 5 000 göteborgare till Skeppsbron för att se Inger Nilsson krossa en flaska Pommac mot stäven.

Evenemanget bekräftade också Sten A Olssons upphöjelse till Göteborgs nya redarkung. Det var han som var sjöfartens Pippi Långstrump i verkligheten: den urstarka, respektlösa, stenrika och inte helt ofarliga busungen. År 1964 hade Sten A Olsson startat anspråkslösa turer till Skagen med dans och billig öl – och ett klientel som äldre göteborgare minns som »studenter och hårfrisörskor«. År 1969 fördes den göteborgska folkliga nöjeskryssningen till nya nivåer med *Danica* – 125 meter lång, 23 knops maxfart, med plats för 1 500 passagerare, med butiker, diskotek, restauranger och bås för blöjbyten. Även tryggheten användes som argument. GT:s 25-åriga stjärnreporter Viveca Lärn skrev i doportaget: »Intet kan brinna på Stena Danica utom servetterna.«

↑ Bokmässans grundare Bertil Falck (t h) och Conny Jacobsson presenterar 1987 års böcker och seminarier, i oundviklig trängsel och med handtextade löpsedlar. Mässan, som hade inletts som renodlad branschsammankomst år 1985, hade på blott två år hunnit bli ett av Skandinaviens ledande kulturevenemang.

Ända in i nutid och trots tilltagande professionalisering och storlek har Bokmässan haft svårt – välgörande svårt – att helt skaka av sig de första årens intryck av entusiasm och lätt kaotisk improvisation. Logotypen med den läsande sjöjungfrun blev snabbt en av Göteborgs mest kända logotyper och förknippas antagligen av många göteborgare inte bara med Bokmässan utan med mässor vid Korsvägen i allmänhet. I flera år hade förresten sjöjungfrun lite bucklig svans, eftersom Jacobsson och Falck hade hittat motivet på en plastpåse som de bara nästan hade lyckats släta ut när de lade den i en kopieringsapparat.

365

← Ju större fartygen blev desto mer oemotståndligt tedde det sig för fotograferna att skildra människorna som lilliputar – som här, intill en ankarkätting på Götaverken år 1969. Vad som inte framgår av bilden är att Götaverken vid denna tidpunkt var ett företag i djup kris – och att denna kris hade att göra med att man inte kunde bygga de 200 000-tonnare som rederierna ville ha i slutet av 1960-talet. Konkurrensen från de japanska jättevarven började bli övermäktig. Götaverken – Göteborgs stolthet och en av stadens största arbetsgivare – befann sig i praktiken på randen till konkurs.

↑ *Färjan 4* – byggd år 1920 i Motala – var med sina drygt tjugo meter så liten att den nästan skulle kunna misstas för en livbåt till de Atlantångare och tankbåtar som framställdes på Götaverken. Men *Färjan 4* var fullständigt avgörande för Götaverkens framgång. Under rusningstimmarna gick den var femtonde minut mellan Residensbron och Götaverken – och den forslade 200 varvsarbetare åt gången. År 1972 donerades *Färjan 4* till Sjöfartsmuseet och blev därmed museets i särklass största föremål.

↑ Ett drygt halvdussin träbåtar – och inte ett enda synligt plastskrov – i Göteborg en sommardag år 1973. Motivet är alltså egentligen taget på övertid. Första halvan av 1970-talet var den stora plastrevolutionens tid i den svenska båtkulturen. Det var en trend som internationellt hade pågått sedan 1940-talet. Sverige var lite trögt i starten, men runt 1970 ökade plastbåtarnas antal explosionartat, med tiotusentals nya båtar per år. De västkustska gästhamnarnas kolorit var på väg att förändras för alltid. Kanske hade bilden drag av nostalgi redan när den togs.

→ Det fanns en nästan kuslig symbolik i det faktum att Svenska Amerika Liniens sista stora fartyg hade en falsk skorsten. En riktig Amerikabåt skulle ha två skorstenar. Följaktligen fick *Kungsholm* en extra, främre skorsten, trots att det inte behövdes, och den sommardag år 1971 när bilden togs kunde göteborgarna njuta av en syn som kändes trygg och bekant. Innerst inne torde de flesta ha vetat att det var mer än skorstenen som var bedrägeri. Folk tog inte längre båten till New York. Flyget hade tagit över. SAL:s satsningar på renoveringar, tv i varje hytt och panoramautsikter började te sig desperata. *Kungsholm* var i praktiken ett kryssningsfartyg som seglade över hela jorden – inte ett transportmedel till New York. År 1975 lades rederiet ner. *Kungsholm* såldes till ett Bermudarederi som satte henne under Liberiaflagg. År 2015 skrotades *Kungsholm* i Indien.

↑ Färjan *Dan Broström* – byggd hos Bröderna Larsson
i Kristinehamn – överlevde varvsepoken. När den år 1963
sjösattes för turen mellan Rosenlund och Lindholmen var
varven och rederierna Göteborgs dominerande arbetsgivare.
Och störst var Broströmsfären. När *Dan Broström* togs ur
trafik år 1990 återstod bara spillror och minnen. I dag är den
gamla färjan ombyggd till Maritimans restaurang. Den är
alltså – åtminstone bland hungriga göteborgare – populära-
re än någonsin. Bilden är tagen år 1969.

↑   Varvskrisens mörka moln anades vid horisonten, men
Eriksbergsvarvet vågade ändå ge sig in på en spektakulär
investering. Bockkranen togs i bruk efter sommarsemest-
rarna 1969. Måtten var imponerande: drygt 70 meter hög,
cirka 110 meter bred, anpassad för att bygga fartyg på en
halv miljon ton. Samtidigt fick Göteborg ett nytt landmärke.
I dag är bockkranen skyddad som byggnadsminne och den
ursprungliga sobra gröna kulören har blivit – som det heter
på göteborgska – brandgul.

← I över ett halvsekel kunde göteborgarna kliva in i den forna kägelbanan vid Kungstorget och se skådespel – först på Savoyteatern och från 1951 på Atelierteatern. När bilden togs, ett soligt ögonblick år 1969, var Atelierteatern etablerad som en liten men pigg scen för samtida europeisk dramatik. Detta år valde man dock att sätta upp Ludvig Holbergs *Den politiske kannggjutaren* från 1722, med Märta Ternstedt, Tage Severin och Rulle Lövgren i rollerna. *Göteborgs-Postens* recensent Åke Perlström skrev förbryllad: »Holberg är nog inte riktigt lämplig som satir över vår egen tid.« I skylt-fönstret intill kostar byxorna 49 kronor. Atelierteatern för-stördes sedermera i en brand år 1996.

↑ När köpcentret Nordstan invigdes i två omgångar – 1972 och 1973 – var det en sensation: ett i princip privat stadsplaneringsprojekt, en hel stadsdel under tak. Ett tiotal byggföretag (och finansierande banker) började år 1961 att systematiskt köpa alla byggnader i de gamla slitna nordstadskvarteren. Här syns Nordstadstorget en dag år 1974. Genom dessa kvarter hade Amerikaemigranterna hundra år tidigare passerat på sin väg från järnvägs-stationen till Englandsbåten.

↑ Pehr G Gyllenhammars väg till toppen i det svenska näringslivet måste betecknas som uppseendeväckande: först efterträdde han sin far som vd för Skandia och sedan sin svärfar som vd för Volvo. Samtidigt var det ingen tvekan om att han tog sig fram med egen kraft. Han var Volvos dominerande gestalt under drygt två decennier. Han hade också tid att delta i samhällsdebatten. Han skrev boken *Jag tror på Sverige* och diskuterades på fullt allvar som tänkbar ny partiledare för Folkpartiet. Här syns han på Volvo Torslanda-verken, någon gång på 1970-talet.

→ Volvofabriken i Torslanda år 1970. En nästan färdig Volvo 164 ska snart gå till rulltest. De brandgula positionsljusen tyder på att detta exemplar är avsett för den amerikanska marknaden. Bilden är troligen tagen vid den station där man fyller på bland annat olja och kylvätska. Mannen i grön rock är kontrollant. Montörerna är troligen statister för fotot.

374

 Husockupanterna i Haga på 1980-talet var nog lite godmodigare än sina motsvarigheter i andra städer. Därom skvallrar bland annat den gängse göteborgska benämningen: husnallar. Bilden togs på Sprängkullsgatan den 1 oktober 1988. Redan på 1600-talet tycks överheten ha haft bekymmer med sturiga och självsvåldiga Hagabor. År 1670 upprättade Göteborgs magistrat ett slags svart lista över icke önskvärda existenser i Haga: spåmän, lappar, löskonor och – en exklusiv kategori – skorstensfejarens kona.

↑ Poliser i konfrontation med demonstranter på Avenyn
den 15 juni 2001. Kravallerna i samband med EU-toppmötet
i Göteborg sommaren 2001 pågick under flera dagar. I efter-
spelet åtalades cirka 80 demonstranter och ett halvdussin
poliser. Poliserna friades medan 70 demonstranter dömdes,
många för våldsamt upplopp. Tolkningarna av Göteborgs-
kravallernas orsaker och följder har blivit ett slags göteborgsk
politisk vattendelare. Vissa har sett demonstrationerna
som ett uppfriskande motstånd mot en repressiv övermakt,
rentav som ett slags väckelse hos en rörelse som, i brist
på bättre beteckning, skulle kunna kallas en bred politisk
vänster. Andra har sett händelserna som en bekräftelse på
samma vänsterrörelsers oförmåga att respektera demokra-
tiska spelregler.

↘ Nästa uppslag: Svensk lösen skjuts från ostindiefara-
ren *Götheborg* den 9 juni 2007, i samband med fartygets
återkomst från en nästan två år lång resa till bland annat
Spanien, Brasilien, Sydafrika, Australien, Indonesien, Kina,
Singapore, Indien, Djibouti, Egypten, Frankrike och Stor-
britannien. Idén att bygga en ostindiefarare av 1700-talstyp
väcktes redan i samband med de marinarkeologiska utgräv-
ningarna av vraket *Götheborg* vid Hunnebådan på 1980-
talet. Fartyget byggdes – med vissa eftergifter för moderna
sjösäkerhetskrav – på Eriksberg. En del experter tvivlade
inledningsvis på att det skulle vara möjligt att överhuvud-
taget segla denna 1700-talskopia. I alla händelser ansågs en
resa till Kina utesluten. Men ostindiefararen, huvudsakligen
bemannad av seglingsintresserade ungdomar, klarade resan
utan större incidenter. För en icke seglingskunnig person är
det svårt att föreställa sig magnituden av denna bragd.

↑ År 1992 spelades fotboll-EM i Sverige. Inte många minns väl vilket land som vann mästerskapen (Danmark) och ingen har väl en aning om hur det gick i matchen mellan Holland och Skottland på Ullevi den 12 juni 1992 (Holland vann med 1–0). Ändå var det denna match, eller åtminstone människor kring den, som stod för mästerskapens minnesvärda ögonblick. En skotsk fotbollssupporter lyckades krångla fram en troligen aning blöt ölpuss genom stängslet. För svenska fotbollsälskare var Tommy Svenssons bild trevlig. För skotska fotbollsälskare – vana vid en betydligt kärvare atmosfär mellan poliser och åskådare – var bilden en sensation. Det var över på någon sekund, men bilden gjorde bättre reklam för Skottland, fotboll och svensk polis än någon reklamkampanj. Polisen på bilden, Marianne Lindkvist, blev efter mästerskapen inte helt överraskande bjuden på en resa till Edinburgh av en lycklig köpmannaförening. Där sammanfördes hon åter med fotbollssupportern David McGaw som inför ett skotskt pressuppbåd gav henne ytterligare en puss.

→ Kanske kommer man i framtiden att prata om Håkan Hellströms Göteborg på samma sätt som man i dag pratar om Bellmans Stockholm. Göteborg är i alla händelser Hellströms självklara hemmaplan, både konstnärligt och kommersiellt. Han är genom sina sångtexter – till exempel *Känn ingen sorg för mig Göteborg* – 2000-talets mest inflytelserika Göteborgsskildrare. Här spelar han på Ullevi den 7 juni 2014, under Nordens dittills största arenakonsert någonsin. I juni 2016 slog han dock det rekordet – två gånger.

381

← När Göteborgsoperan invigdes hösten 1994 satte göte-borgarna punkt för en debatt som med varierande intensitet hade pågått i drygt femtio år. Redan i slutet av 1930-talet tyckte musiker och skådespelare att Storan kändes trång och omodern, inte minst jämfört med Stadsteatern. På 1940-talet trodde många att det nya operahuset låg så nära i tiden att musiker och sångare började flytta till Göteborg för att in-vänta de nya jobben. Men operan dröjde och tomtförslagen avlöste varandra. Det lutade bland annat åt Trädgårdsför-eningen eller området kring Gamla Ullevi. Götaverken ville bygga en operapråm. I slutet av 1960-talet ansågs bygget så bergsäkert att ivriga kommittéer började skissa på premiär-kvällens program. Nicholai Gedda och Birgit Nilsson städs-lades till en tänkt invigning 1972 – vilken sköts upp till 1974 som sköts upp till 1976 till 1981 till 1989. Men i december 1990 fick Göteborg operapengar av riksdagen. Chefsarkitekt var Jan Izikowitz. Göteborgsoperan var den första stora musik-teater som byggdes i Sverige efter operan i Stockholm 1898. På bilden syns stora salongen, med plats för 1301 åskådare.

↑ Hammarkullekarnevalen pågår i tre dagar kring den sista helgen i maj. De latinamerikanska dansgrupperna har sedan slutet av 1970-talet satt sin prägel på karnevalståget, som har utvecklats till den kanske största årliga mångkultu-rella manifestationen i Sverige. Här syns sambaskolan Los Copihues på Bredfjällsgatan. Året är 2007.

↘ Nästa uppslag: Gothia Cup 2016. Laget Marin FC från USA har just vunnit finalen i B-slutspelet och firar segern. Gothia Cup, som arrangeras av Hisingsklubben BK Häcken, är en av de stora göteborgska händelserna. Redan under premiäråret 1975 lockade turneringen 275 lag från fem länder. I dag präglar den årliga Gothia Cup-veckan i juli hela Göteborg (och, i någon mån, kranskommunerna). Skol-salar, bussar och gator fylls med över 1 500 lag från bortåt 80 länder. Slutspelsmatcherna på Heden är stora publik-evenemang. Turneringens undertitel World Youth Cup ger en fingervisning om prestigen. Gothia Cup betraktas av många som ett inofficiellt VM i ungdomsfotboll.

 Starten har just gått i Göteborgsvarvet den 20 maj 2017. Framför sig har löparna en halvmara i gassande sol. Tävlingen arrangerades för första gången år 1980 och samlade redan efter några år bortåt 20 000 löpare, huvudsakligen motionärer. År 2012 samlade Göteborgsvarvet över 60 000 löpare och var därmed världens största långlopp. Tävlingen är så etablerad i det allmänna medvetandet att många göteborgare har glömt att själva namnet Göteborgsvarvet, med sin hänvisning till skeppsbyggarepoken, är en typisk göteborgsk ordlek.

→ Publikhav på Götaplatsen vid 2016 års kulturkalas. De stora göteborgska stadsfesterna har växlat profil. Transformationen från kalas till Kulturkalas motiverades – enklast sammanfattat – av en politisk strävan att skapa ett evenemang som bestod av mer musik och mindre fatöl i plastmuggar. År 2016 arrangerades Kulturkalaset på 55 platser, med tyngdpunkten runt Avenyn. De största namnen var Miriam Bryant och den libanesiska sångerskan Najwa Karam.

386   → Blåvitt säkrar SM-guldet efter 2–0 mot Trelleborg den 28 oktober 2007. Göteborg kan med viss rätt aspirera på att ha varit fotbollens huvudstad under stora delar av 1900-talet. Det senaste halvseklet är det Blåvitt som har stått för de stora framgångarna. För de två andra traditionella storklubbarna börjar meriterna bli gamla. Öis blev svenska mästare 1985. Gais vann senast allsvenskan 1954.

    Kommer Göteborg att vara fotbollens huvudstad i framtiden? Det återstår att se. Den gamla lokala maktbalansen är i alla händelser rubbad. BK Häcken gör i dag anspråk på att vara en ledande klubb i Göteborg. Kanske kommer framtida segrar dessutom att ske på en annan storarena. Ullevi, invigd år 1958, börjar te sig besvärande omodern.

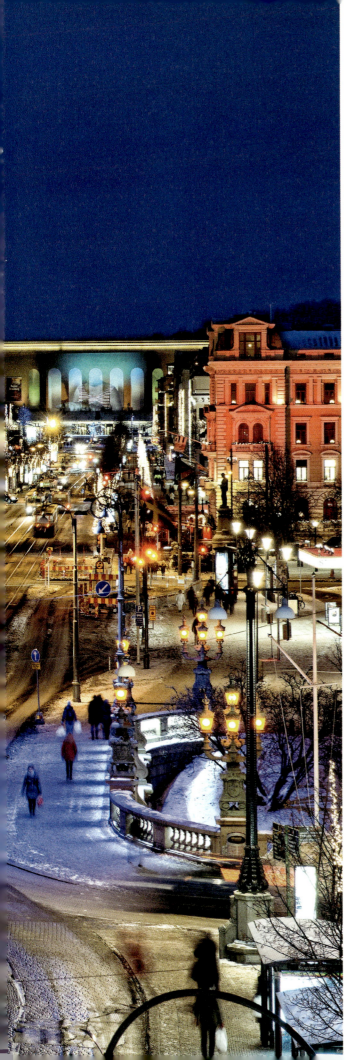

← Det slaskar kring bussar och spårvagnar den 11 december 2012. I bakgrunden syns årets nyhet i Avenyns skyline: Lisebergshjulet. Dagen efter att bilden togs arrangerades ett märkligt rekordförsök i denna snömodd. Då manades göteborgarna att ansluta sig till världens längsta luciatåg.

↘ Nästa uppslag: Skulptören Ivar Johnssons *Kvinna vid havet* har stått på Sjömanstornet intill Sjöfartsmuseet sedan 1934. Visst ser det ut som om hon sneglar mot Hisingssidan. Det är hon i så fall inte ensam om. Göteborgs demografiska mittpunkt har under det senaste halvseklet i rask takt flyttat mot Hisingen.

Fotografen Daniel Stiller fångade detta ögonblick vid älven med hjälp av drönarflygare en sensommarkväll år 2020. Det är därmed denna boks senast tagna bild.

hjälpmedel. Jag har i mitt arbete haft stor nytta av de utförliga noteringarna i Göteborgs stadsmuseums arkiv, Carlotta. Bland mina eviga följeslagare finns också trebandsverket *Göteborgs historia. Näringsliv och samhällsutveckling* av ekonomihistorikerna Bertil Andersson, Martin Fritz och Kent Olsson, *Göteborgs historia. Porten mot väst* av Tomas Andersson och Peter Sandberg samt *Göteborgs fotografer. Ateljéer och yrkesmän 1840–1910* av LarsOlof Lööf. Berättelsen om Ebba Greta Hölander är återgiven i *Från fästningsstad till handelsstad* av Bertil Andersson, sidan 352.

Det vore omöjligt att namnge alla göteborgare (och, i några fall, icke-göteborgare) som har varit behjälpliga.

Jag är tacksam för synpunkter och idéer från medlemmarna av projektgruppen Tidernas Göteborg: Marie Hellervik och Carina Sjöholm (Göteborgs stadsmuseum), Mats Jönsson (Göteborgs universitet), Niclas Östlind (HDK/Valand) Louise Wolthers (Hasselbladstiftelsen) och Karl-Magnus Johansson (Landsarkivet Göteborg).

Jag står i tacksamhetsskuld till Dennis Andersson, Per Andersson, Kenth Andreasson, Göran Bengtsson, Ola Blomqvist, Therese Brusberg, Lars O Carlsson, Malin Carlsson, Peter Claesson, Manne Ekman, Johan Erséus, Anders Franck, Lennart Fougelberg, Mats Fröier, Anders Hansson, Karl Hellervik, Lars Hjertberg, Marianne Håwi, Anna Jolfors, Göran Kristensson, Kalle Lekholm, Johan Lindh, Kenneth Linton, Sören Nyboe, Claes Olsson, Erik Petzell, Monica Påhlsson, Lars Ranäng, Mia Samuelsson, Bengt Wedel, Joen Wetterholm, Ingrid Wirsin och Nina Zetterquist.

Projektet hade knappast varit möjligt om inte bildbyrån Kamerareportage så generöst hade ställt sina enorma Göteborgshistoriska samlingar till förfogande. När det gäller bildsökningen vill jag särskilt tacka Joakim Dahl, Anna Littorin, Bror Augustsson, Marcus Erixson och Claes Löfgren.

På Göteborgs-Postens redaktion – min dagliga arbetsplats – har projektet Tidernas Göteborg redan från början mötts av en rent hjärtevärmande entusiasm. Några kolleger som förtjänar en särskild apostrofering för sina insatser och idéer är Kerstin Eikeland, Björn Werner, Anders Håkansson, Johan Bohlin, Maya Dahlén, Robin Aron, Tony Fischier, Karin Jansson, Kristina Petersen, Love Hansen Siilin, Julle Lennartson, Britt-Marie Mattsson, Hanna Tornbrant, Ulf Sveningson, Adam Cwejman, Johan Sköld, Louise Sköld Lindell, Christofer Ahlqvist, Johan Hansson, Josefin Meyer och Peter Hjörne.

Jag vill slutligen tacka alla tidningsläsare och museibesökare som har hört av sig och lämnat upplysningar och fotografier under arbetets gång. Och tack till min familj.

Kristian Wedel

BILDKÄLLOR

I många fall är fotografen okänd.

REGISTER

MIX
Papper från ansvarsfulla källor
FSC® C002795

© Bokförlaget Max Ström
© Text Kristian Wedel
Foto: Bildkällor s. 394
Formgivning: Mikael Engblom
Bildresearch: Bror Augustsson, Joakim Dahl, Marcus Erixson, Marianne Lindgren, Anna Littorin, Claes Löfgren, Ola Torkelsson
Textredaktör: Malena Bergroth
Projektledare: Johan Salander
Repro: Linjepunkt
Tryck: Livonia Print, Lettland, 2021
Tredje tryckningen
ISBN 978-91-7126-521-0